Himmlische Backrezepte für
Weihnachten

Inhalt

EINFACH HIMMLISCH

Weihnachten ist das Fest der Liebe – und was gibt es Liebevolleres als sich selbst und seine Liebsten mit selbst gebackenen Weihnachtsleckereien zu verwöhnen? Lassen Sie sich von unseren 66 unwiderstehlichen Rezepten verführen und entdecken Sie die ganze Vielfalt der Weihnachtsbäckerei!

AUFBAU DES BUCHES

Einen großen Teil des Buches widmen wir den unangefochtenen Christmas-Stars: Plätzchen! Neben unserer Top 10 der deutschen Plätzchen-Klassiker und beliebten internationalen Rezepten finden Sie vor allem viele neue Ideen, die überraschend anders sind: Wahre Aromabomben mit exotischen Gewürzen, raffinierte Trend-Kekse, unkomplizierte No-Bake-Rezepte und köstliche Rezepte für Ernährungsbewusste.

Fast zu schade zum Essen sind unsere Funny Cookies, originelles Gebäck mit Wow!-Effekt wie die niedlichen Baiser-Tannenbäumchen oder die liebevoll verzierten Schneemann-Cookies. Kunterbunt gestaltet lassen die witzigen Hingucker nicht nur Kinderaugen strahlen, sondern eignen sich auch wunderbar zum Verschenken. Das notwendige Know-how liefert unser Royal-Icing-Workshop (S. 94–97).

Doch Weihnachten ist nicht nur Plätzchenzeit! Daher finden Sie in diesem Buch auch viele verführerische Rezepte für festliche Kuchen, Torten und zauberhaftes Kleingebäck für die weihnachtliche Kaffeetafel. Wir wünschen Ihnen eine genussvolle Weihnachtszeit!

KLEINES BACK-ABC

Bevor es richtig losgeht, möchten wir Ihnen im Folgenden noch ein paar hilfreiche Informationen an die Hand geben – so gerüstet steht einer genussvollen und stressfreien Weihnachtszeit nichts mehr im Wege!

DER PERFEKTE MÜRBETEIG

Was wäre die Weihnachtsbäckerei ohne Mürbeteig? Der mürbe, zarte Teig ist der Basisteig für eine Vielzahl von Plätzchen, für die der Teig ausgerollt und mit Förmchen ausgestochen wird.

In seiner klassischen und besonders zarten Machart hat Mürbeteig auch den Namen 1-2-3-Teig, was sich von den anteiligen Zugaben von Zucker, Butter und Mehl ableitet. Auf 100 g Zucker kommen in diesem Fall 200 g Butter und 300 g Mehl. Je nach Belag, Guss und Funktion variieren natürlich die exakten Mengen. Die Hauptzutat allerdings bleibt immer Mehl, dann folgt Butter und schließlich Zucker.

Als Faustregel gilt dabei: Je mehr Zucker im Teig ist, desto knuspriger wird er, weil der Zucker karamellisiert; weniger Zucker macht den Teig zarter, dafür aber auch brüchiger. Je mehr Butter im Teig ist, desto zarter wird er. Je mehr Mehl zugegeben wird, umso härter wird der Teig. In viele Mürbeteige kommt schließlich noch 1 Ei oder Eigelb, manchmal auch nur etwas kaltes Wasser. Das macht den Teig geschmeidiger und leichter knetbar. Aber Achtung: Zu viel Ei (und besonders Eiweiß) macht den Teig hart!

Für die Zubereitung von Mürbeteig sollten alle Zutaten möglichst kalt sein. Zudem sollte der Teig möglichst schnell zu einem glatten Teig verknetet werden, damit er nicht zu weich wird. Vor der weiteren Verarbeitung, also dem Ausrollen des Teiges, sollte er in Folie gewickelt mindestens 30 Minuten im Kühlschrank ruhen. Am besten dann nur portionsweise aus dem Kühlschrank nehmen und zügig verarbeiten. Etwas weicherer Teig lässt sich am besten zwischen zwei Lagen Backpapier oder Frischhaltefolie ausrollen.

KÖSTLICH VERZIERT

Die einen mögen sie lieber pur, für die anderen sind Plätzchen ohne Schokoglasur oder Zuckerguss undenkbar. Eines ist auf jeden Fall sicher: Glasuren und Güsse sind nicht nur köstlich und hübsch – Sie halten Gebäck auch länger frisch!

Schokoladenglasur

Für eine einfache Schokoladenglasur wird Kuvertüre klein gehackt und dann im Wasserbad geschmolzen. Achten Sie beim Schmelzen der Kuvertüre im Wasserbad darauf, dass kein Wasser zu der Kuvertüre gelangt – die Kuvertüre wird sonst klumpig bzw. zähflüssig.

Glasuren und Güsse machen Plätzchen noch verführerischer.

Um eine optisch ganz perfekte Schokoladenglasur herzustellen, muss die Kuvertüre temperiert werden, damit sie gleichmäßig aushärtet und ihren Glanz behält. Beim Temperieren sind die richtigen Temperaturen das A und O. Die klein gehackte Kuvertüre wird zunächst bei 40 °C im Wasserbad unter ständigem Rühren geschmolzen und anschließend durch Unterrühren von Kuvertüre-Raspeln auf 25–30 °C heruntertemperiert (das so genannte Impfen). Schließlich wird die Kuvertüre auf genau 32 °C erwärmt – das ist ihre ideale Verarbeitungstemperatur.

Zucker- und Zitronenguss

Für Zuckerguss, den Klassiker unter den Verzierungen, wird Puderzucker mit etwas Wasser zu einer dickflüssigen, glatten Masse verrührt. Auf die gleiche Weise lässt sich ein fruchtiger Zitronenguss herstellen; dafür einfach das Wasser durch Zitronensaft ersetzen. Durch Zugabe von Lebensmittelfarbe kann der Guss nach Herzenslust eingefärbt werden.

Royal Icing

Royal Icing ist eine Spritzglasur, die aus Eiweiß, Zitronensaft und Puderzucker hergestellt wird. Mit ihr verzaubern Sie schlichte Plätzchen mit ein wenig Übung in kleine Kunstwerke – in unserem Workshop auf S. 94–97 zeigen wir Ihnen, wie es geht!

SO BLEIBEN PLÄTZCHEN LANGE FRISCH

Plätzchen haben einen großen Vorteil: Sie lassen sich wunderbar auf Vorrat backen! Im Gegensatz zu vielen anderen Kuchen- und Gebäckkreationen haben sie die wunderbare Eigenschaft, bei sachgemäßer Lagerung lange frisch und lecker zu bleiben.

Ganz unkompliziert können Plätzchen nach dem Backen und Auskühlen in Plastikdosen verpackt tiefgekühlt werden. Alternativ bewahrt man sie in Metalldosen oder Keramikgefäßen auf. Dabei sollten knusprige und saftige Varianten getrennt voneinander gelagert werden. Weiche Plätzchen bleiben in einer luftdicht verschlossenen Dose am längsten frisch, für knusprige Plätzchen eignen sich Keramikgefäße gut, bei denen ein bisschen Luft die Kruste trocken hält. Wenn knusprige Plätzchen weich geworden sein sollten, werden sie durch Aufbacken im Backofen (bei ca. 150 °C) wieder knusprig.

RESTEVERWERTUNG

Beim Backen fallen manchmal zwangsläufig Reste an – und die sind zum Wegwerfen einfach viel zu schade! Im Folgenden geben wir Ihnen ein paar Anregungen, wie sie Eiweiß, Eigelb und Teigreste sinnvoll verwenden können.

EIWEISS

Sie benötigen für ein Rezept nur das Eigelb? Kein Problem! Das übrig gebliebene Eiweiß können Sie beispielsweise für die Kokosmakronen von S. 14 oder die Baiser-Tannenbäumchen von S. 102 verwenden. Oder Sie zaubern daraus zarte Macarons, Marshmallows oder Schokoküsse.

Eiweiß lässt sich aber auch problemlos, am besten portionsweise, einfrieren. Füllen Sie die Eiweiße dazu jeweils einzeln in die Mulden eines Eiswürfelbehälters und lassen Sie sie dann im Gefrierschrank fest werden. Geben Sie die Würfel dann in einen verschließbaren Gefrierbeutel – auf diese Weise können sie tiefgekühlt ca. 1 Jahr aufbewahrt werden. Lassen Sie die Eiweiß-Würfel vor der Verwendung im Kühlschrank auftauen und verarbeiten Sie sie dann wie gewohnt.

EIGELB

Auch Eigelb-Reste müssen Sie keineswegs entsorgen! Wenn Sie das Eigelb nicht sowieso für anderes Gebäck verwenden, können Sie damit beispielsweise Pudding, Eierlikör, Mayonnaise oder Sauce Hollandaise herstellen.

MÜRBETEIG

Mürbeteig-Reste können Sie beispielsweise als Streusel über einen Crumble oder einen anderen Kuchen streuen.

In Folie gewickelt kann Mürbeteig aber auch mehrere Tage im Kühlschrank aufbewahrt werden. Zudem lässt er sich in einem Gefrierbeutel oder in Folie verpackt gut einfrieren. Nehmen Sie den Teig dann rechtzeitig vor der Verwendung heraus und lassen Sie ihn verpackt langsam über Nacht im Kühlschrank auftauen.

PLÄTZCHEN FÜR ERNÄHRUNGSBEWUSSTE

Da der Trend zur gesunden Ernährung auch vor der Weihnachtsbäckerei nicht Halt macht, finden Sie in diesem Buch auch einige Rezepte für veganes, glutenfreies, zuckerfreies und Low-Carb-taugliches Gebäck – und dieses schmeckt garantiert nicht nur ernährungsbewussten Genießern! Diese Rezepte sind jeweils mit einem entsprechenden Button kenntlich gemacht.

Im Folgenden finden Sie zudem jeweils ein Teig-Grundrezept mit Variationsideen, sodass Sie sich daraus ganz einfach Ihr passendes Lieblingsrezept zusammenstellen können.

GRUNDREZEPT: VEGANE PLÄTZCHEN

Für ca. 50 Stück

200 g Mehl
50 g Puderzucker
1 Prise Salz
100 g vegane Butter oder Margarine
1 El Pflanzendrink

Mehl, Puderzucker und Salz in einer Rührschüssel vermischen. Vegane Butter bzw. Margarine und den Pflanzendrink zugeben und alles zu einem glatten Teig verkneten. Den Teig in Frischhaltefolie wickeln und mindestens 1 Stunde kalt stellen.

Den Backofen auf 170 °C Umluft vorheizen. Ein Backblech mit Backpapier belegen. Den Teig zwischen zwei Lagen Backpapier etwa 4 mm dick ausrollen und mit Ausstechförmchen nach Belieben Plätzchen ausstechen. Die Plätzchen auf das Backblech legen und ca. 8 Minuten backen. Vollständig auskühlen lassen. Die Plätzchen nach Belieben verzieren.

Teigvariation

Durch Zugabe von ½ Tl Vanillepulver schmeckt der Teig schön vanillig. Wer es fruchtiger mag, rührt anstelle des Pflanzendrinks 1 El passierte Himbeermarmelade und 1 Tl Zitronensaft mit unter den Teig.

GRUNDREZEPT: GLUTENFREIE PLÄTZCHEN

Für ca. 80 Stück

150 g Butter
125 g Puderzucker
1 P. Vanillezucker
1 Ei
75 g gemahlene Mandeln
300 g glutenfreies Mehl (fertige Mischung)
1 Tl gemahlene Flohsamenschalen
Mehl für die Arbeitsfläche

Butter mit Puderzucker und Vanillezucker schaumig schlagen. Das Ei zugeben und 2–3 Minuten weiterrühren. Nach und nach Mandeln, Mehl und Flohsamen unterarbeiten. Den Teig in Folie gewickelt ca. 1 Stunde im Kühlschrank ruhen lassen.

Den Backofen auf 220 °C vorheizen. Ein Backblech mit Backpapier belegen. Den Teig zwischen zwei Lagen Backpapier etwa 4 mm dick ausrollen und mit Ausstechförmchen nach Belieben Plätzchen ausstechen. Die Plätzchen auf das Backblech legen und 6–8 Minuten goldgelb backen. Mit dem Papier vom Blech ziehen und abkühlen lassen. Die Plätzchen nach Belieben verzieren.

Teigvariation

Mit 1 Prise Zimt oder Kardamom bekommen die Plätzchen eine noch weihnachtlichere Note.

GRUNDREZEPT: LOW-CARB-/ ZUCKERFREIE PLÄTZCHEN

Für ca. 50 Stück

150 g Kokosmehl
60 g Puder-Erythrit
3 Eigelb
150 g Butter
50 ml Milch

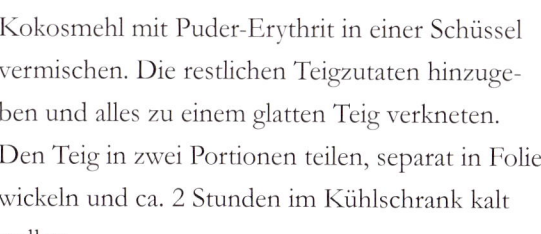

Kokosmehl mit Puder-Erythrit in einer Schüssel vermischen. Die restlichen Teigzutaten hinzugeben und alles zu einem glatten Teig verkneten. Den Teig in zwei Portionen teilen, separat in Folie wickeln und ca. 2 Stunden im Kühlschrank kalt stellen.

Den Backofen auf 175 °C vorheizen. Ein Backblech mit Backpapier auslegen. Eine Teigportion zwischen zwei Lagen Backpapier etwa 4 mm dick ausrollen. Mit einem Ausstechförmchen nach Belieben Plätzchen ausstechen. Die Plätzchen auf dem Blech verteilen und 8–10 Minuten backen, bis die Ränder zart gebräunt sind. Herausnehmen und auf dem Blech abkühlen lassen. Mit der zweiten Teigportion genauso verfahren. Die Plätzchen nach Belieben verzieren.

Teigvariation

Für eine nussigere Note ersetzen Sie die Milch durch Mandelmilch. Die Plätzchen schmecken auch sehr aromatisch, wenn Sie ½ Tl abgeriebene Schale von einer unbehandelten Zitrone zugeben.

PLÄTZCHEN-KLASSIKER

* * *

*Unsere himmlische
Top 10*

ZIMTSTERNE

FÜR CA. 35 STÜCK

1 unbehandelte Zitrone
3 Eiweiß
100 g Puderzucker
100 g Zucker
1 Tl gemahlener Zimt
300 g gemahlene Mandeln
150 g Marzipan
1 Prise gemahlene Nelken
Zucker für die Arbeitsfläche

Zubereitungszeit:
ca. 30 Minuten
(plus Backzeit)
Pro Stück ca. 117 kcal/490 kJ

Den Backofen auf 120 °C vorheizen. Ein Backblech mit Backpapier auslegen. Die Zitrone waschen, trocken tupfen und die Schale fein abreiben. Eiweiße sehr steif schlagen, dabei nach und nach Puderzucker und Zucker einrieseln lassen. Zitronenschale unterrühren. $\frac{1}{3}$ der Masse mit 1 Prise Zimt mischen und abgedeckt im Kühlschrank beiseitestellen. Die Mandeln mit dem Marzipan in Stücken, dem restlichen Zimt und dem Nelkenpulver verkneten. Den Eischnee vorsichtig unterheben.

Den Teig auf eine mit Zucker bestreute Arbeitsfläche streichen und mit einem Ausstechförmchen Sterne ausstechen. Das Förmchen dabei immer wieder in kaltes Wasser tauchen, damit der Teig nicht haften bleibt. Die Plätzchen auf das Backblech legen und mit der beiseitegestellten Eischneemasse bestreichen. Den Ofen auf 100 °C herunterschalten und die Sterne auf der unteren Schiene 40–45 Minuten trocknen lassen.

TIPP

Spießen Sie die Zimtsterne
auf Holzspieße und verzieren Sie sie
mit einem hübschen Bändchen – so
werden sie zum echten Hingucker
auf der weihnachtlichen
Kaffeetafel!

KOKOSMAKRONEN

FÜR CA. 60 STÜCK

4 Eiweiß
200 g Zucker
1 P. Vanillezucker
1 Prise Salz
1 Msp. Zimt
250 g Kokosraspel
100 g Zartbitterkuvertüre

Zubereitungszeit:
ca. 30 Minuten
(plus Backzeit und Zeit zum Abkühlen)
Pro Stück ca. 49 kcal/205 kJ

Den Backofen auf 140 °C vorheizen. Ein Backblech mit Backpapier auslegen. Das Eiweiß steif schlagen, dabei nach und nach den Zucker einrieseln lassen. Vanillezucker, Salz, Zimt und Kokosraspel vorsichtig unterheben.

Mit 2 Teelöffeln kleine, nach oben spitz zulaufende Häufchen auf das Backblech setzen und diese etwa 30 Minuten backen. Die Makronen auf einem Kuchengitter auskühlen lassen.

Die Kuvertüre grob hacken und im Wasserbad schmelzen lassen. Die Unterseite der Kokosmakronen in die Kuvertüre tauchen, die Makronen auf Pergamentpapier trocknen lassen.

TERRASSENPLÄTZCHEN

FÜR CA. 25 STÜCK

125 g Mehl
100 g weiche Butter
50 g feiner Zucker
1 Eigelb
1 Prise Salz
40 g Aprikosenkonfitüre
Puderzucker zum Bestäuben
Mehl für die Arbeitsfläche

Zubereitungszeit:
ca. 40 Minuten
(plus Kühlzeit und Backzeit)
Pro Stück ca. 61 kcal/255 kJ

Das Mehl in eine Rührschüssel sieben. Die Butter in kleinen Stücken darauf verteilen. Zucker, Eigelb und Salz zugeben und alles zügig mit den Händen zu einem glatten Teig verkneten. Den Teig in Folie gewickelt ca. 1 Stunde kalt stellen.

Den Backofen auf 200 °C vorheizen. Zwei Backbleche mit Backpapier auslegen. Den Teig auf einer leicht bemehlten Arbeitsfläche ausrollen. Mit 3 Stern-Ausstechern in unterschiedlichen Größen jeweils gleich viele Sterne ausstechen (den restlichen Teig während des Ausstechens immer wieder abgedeckt in den Kühlschrank stellen, damit er nicht zu weich wird). Die Sterne auf den Blechen verteilen und 8–10 Minuten backen. Auf einem Kuchengitter vollständig auskühlen lassen.

Die Aprikosenkonfitüre erwärmen, bis sie flüssig ist. Jeweils eine Seite der mittelgroßen Plätzchen mit der Konfitüre bestreichen, dann mit der bestrichenen Seite auf die großen Plätzchen setzen. Die kleinen Plätzchen ebenfalls bestreichen und aufsetzen. Trocknen lassen, dann mit Puderzucker bestäuben.

SPRITZGEBÄCK

FÜR CA. 40 STÜCK

FÜR DEN TEIG:

250 g Mehl
175 g weiche Butter
1 Eigelb
130 g feiner Zucker
Mark von 1 Vanilleschote
1 Prise Salz

FÜR DIE VERZIERUNG:

ca. 100 g dunkle Kuvertüre

Zubereitungszeit:
ca. 30 Minuten
(plus Kühlzeit und Backzeit)
Pro Stück ca. 68 kcal/284 kJ

Das Mehl in eine Rührschüssel sieben. Die Butter in kleinen Stücken darauf verteilen. Die restlichen Teigzutaten zugeben und alles zügig mit den Händen zu einem glatten Teig verkneten. Den Teig in Folie gewickelt ca. 2 Stunden kalt stellen.

Den Backofen auf 180 °C vorheizen. Ein Backblech mit Backpapier auslegen. Den Teig portionsweise in eine Gebäckpresse geben und damit Plätzchen in der gewünschten Form auf das Blech spritzen. Alternativ einen Fleischwolf mit Plätzchen-Aufsatz verwenden. Die Plätzchen 8–10 Minuten goldgelb backen, dann auf einem Kuchengitter auskühlen lassen.

Zum Verzieren die Kuvertüre hacken und im Wasserbad schmelzen. Die Plätzchen jeweils mit der Unterseite in die Kuvertüre tauchen, dann mit der Schokoladenseite nach oben auf Backpapier vollständig trocknen lassen. Die restliche Kuvertüre ggf. noch einmal erhitzen. In einen Gefrierbeutel füllen und unten eine sehr kleine Spitze abschneiden. Die Plätzchen mithilfe des Spritzbeutels nach Belieben mit Schokofäden verzieren.

SCHWARZ-WEISS-GEBÄCK

FÜR CA. 45 STÜCK

250 g Mehl
1 Tl Backpulver
125 g Puderzucker
1 P. Vanillezucker
1 Ei
1 Prise Salz
125 g Butter
2 El Kakaopulver
1 El Puderzucker
1 El Milch
2 Eiweiß
Mehl für die Arbeitsfläche

Zubereitungszeit:
ca. 45 Minuten
(plus Kühlzeit und Backzeit)
Pro Stück ca. 54 kcal/226 kJ

Das Mehl mit dem Backpulver in eine Rührschüssel sieben. Puderzucker, Vanillezucker, Ei und Salz hinzugeben. Die Butter in Stücke schneiden und darauf verteilen. Alles mit den Knethaken des Handrührgerätes durcharbeiten, dann auf einer bemehlten Arbeitsfläche mit den Händen zu einem glatten Teig verkneten.

Den Teig in zwei Hälften teilen. Für den dunklen Teig Kakaopulver mit gesiebtem Puderzucker und Milch verrühren und unter eine Teighälfte kneten. Beide Teige in Folie gewickelt ca. 1 Stunde kalt stellen.

Die Teige jeweils ca. 4 mm dick zu gleich großen Rechtecken ausrollen. Eiweiß verquirlen. Eine Teigplatte dünn mit Eiweiß bestreichen. Die andere Platte auflegen und ebenfalls dünn mit Eiweiß bestreichen. Fest zusammenrollen, in Folie wickeln und erneut 30 Minuten kalt stellen.

Den Backofen auf 180 °C vorheizen. Ein Backblech mit Backpapier belegen. Die Teigrolle in ca. 0,5 cm dicke Scheiben schneiden und diese auf dem Backblech verteilen. Die Plätzchen 12–15 Minuten backen.

VANILLEKIPFERL

FÜR CA. 75 STÜCK

FÜR DEN TEIG:

200 g Mehl

75 g Speisestärke

2 Eigelb

200 g Butter

80 g Zucker

100 g gemahlene Mandeln

Mark von 2 Vanilleschoten

1 Prise Salz

ZUM WÄLZEN:

125 g Puderzucker

1 P. Vanillezucker

AUSSERDEM:

Mehl für die Arbeitsfläche

Zubereitungszeit:
ca. 40 Minuten
(plus Kühlzeit und Backzeit)
Pro Stück ca. 54 kcal/226 kJ

Mehl und Speisestärke mischen und auf die Arbeitsfläche sieben. In die Mitte eine Mulde hineindrücken. Eigelbe in die Mulde geben. Die Butter in Stücke schneiden und auf dem Mehlrand verteilen. Die restlichen Teigzutaten ebenfalls auf dem Mehlrand verteilen. Alles mit einem Messer grob zerhacken, dann mit den Händen zügig zu einem glatten Teig verkneten. Den Teig in Folie gewickelt ca. 1 Stunde kalt stellen.

Den Backofen auf 180 °C vorheizen. Zwei Backbleche mit Backpapier auslegen. Vom Teig kleine Stücke abnehmen, zu fingerdicken Rollen formen und in etwa 3 cm lange Stücke schneiden. Die Stücke zu Halbmonden formen, auf die Bleche legen und etwa 15 Minuten backen.

In der Zwischenzeit den Puderzucker mit dem Vanillezucker mischen. Die Kipferl vom Blech nehmen und in der Zucker-Vanille-Mischung wenden. Auf Kuchengittern abkühlen lassen.

HASELNUSS-PRINTEN

FÜR CA. 50 STÜCK

FÜR DEN TEIG:

50 g Orangeat

70 g Butter

250 g Rübensirup

70 g brauner Zucker

1 Msp. Salz

2 Tl Lebkuchengewürz

½ Tl Zimt

1 Msp. gemahlener Ingwer

300 g Mehl

3 Tl Backpulver

AUSSERDEM:

200 g geschälte Haselnüsse

200 g Zartbitterkuvertüre
   für die Glasur

Mehl für die Arbeitsfläche

Zubereitungszeit:
ca. 40 Minuten
(plus Kühlzeit und Backzeit)
Pro Stück ca. 96 kcal/402 kJ

Das Orangeat sehr fein hacken. Die Butter mit dem Rübensirup und dem Zucker in einem kleinen Topf unter Rühren schmelzen lassen, dann in eine Rührschüssel geben und kalt werden lassen.

Orangeat, Salz und die Gewürze mit den Knethaken des Handrührgerätes unter die abgekühlte Butter-Mischung rühren. Das Mehl mit dem Backpulver mischen, darübersieben und alles vermengen. Auf einer bemehlten Arbeitsfläche mit den Händen zu einem glatten Teig verkneten. Den Teig in Frischhaltefolie gewickelt ca. 1 Stunde kalt stellen.

Den Backofen auf 180 °C vorheizen. 2 Backbleche mit Backpapier auslegen. Den Teig ausrollen, in Rechtecke à 2 x 6 cm schneiden und diese auf die Backbleche legen. Die Haselnüsse halbieren und auf den Printen verteilen. Die Printen ca. 15 Minuten backen. Auf einem Kuchengitter vollständig abkühlen lassen.

In der Zwischenzeit die Kuvertüre grob hacken und im Wasserbad schmelzen lassen. Die Printen mit der Kuvertüre bestreichen.

SPITZBUBEN

FÜR CA. 40 STÜCK

300 g Mehl
200 g Butter
150 g Zucker
1 Ei
100 g gemahlene Mandeln
1 P. Vanillezucker
1 Prise Salz
3 Tropfen Zitronen-Aroma
200 g Johannisbeerkonfitüre
Puderzucker zum Bestäuben
Mehl für die Arbeitsfläche

Zubereitungszeit:
ca. 30 Minuten
(plus Kühlzeit und Backzeit)
Pro Stück ca. 110 kcal/461 kJ

Das Mehl in eine Rührschüssel sieben. Die Butter in kleinen Stücken darauf verteilen. Zucker, Ei, Mandeln, Vanillezucker, Salz und Zitronen-Aroma zugeben und alles zügig mit den Händen zu einem glatten Teig verkneten. Den Teig in Folie gewickelt ca. 1 Stunde kalt stellen.

Den Backofen auf 180 °C vorheizen. Zwei Backbleche mit Backpapier auslegen. Den Teig auf einer bemehlten Arbeitsfläche etwa 3 mm dick ausrollen. Mit einem Blüten-Ausstechförmchen Plätzchen ausstechen. Bei der Hälfte der Plätzchen jeweils in der Mitte eine kleine Blüte herausstechen. Die Plätzchen auf den Blechen verteilen und 10–12 Minuten backen.

Die Johannisbeerkonfitüre durch ein Sieb streichen und die Plätzchen ohne ausgestochenes Motiv damit bestreichen. Die restlichen Plätzchen mit Puderzucker bestäuben, dann vorsichtig auf die mit Konfitüre bestrichenen Plätzchen setzen. Trocknen lassen.

SPEKULATIUS

FÜR CA. 70 STÜCK

180 g Butter

200 g Zucker

2 P. Vanillezucker

1 Prise Salz

2 Eier

1 ½ P. Spekulatiusgewürz

einige Tropfen
   Bittermandel-Aroma

abgeriebene Schale von
   ½ unbehandelten Zitrone

450 g Mehl

50 g Speisestärke

1 Tl Backpulver

Mehl für die Form

Zubereitungszeit:
ca. 40 Minuten
(plus Kühlzeit und Backzeit)
Pro Stück ca. 59 kcal/249 kJ

Butter mit Zucker, Vanillezucker und 1 Prise Salz verrühren. Eier, Spekulatiusgewürz, Bittermandel-Aroma und Zitronenschale unterrühren. Mehl mit Speisestärke und Backpulver mischen, dazugeben und alles zu einem glatten Teig verkneten. Den Teig in Folie gewickelt 1 Tag kalt stellen.

Den Backofen auf 200 °C vorheizen. Ein Backblech mit Backpapier belegen. Eine Spekulatius-Form (Model) mit Mehl ausstäuben. Kleine Teigstücke abschneiden und in die Modelformen drücken. Den überstehenden Teig jeweils abschneiden. Die Form umdrehen und durch kräftiges Schlagen die Teigfiguren herausklopfen. Die Figuren auf das Backblech legen und 8–10 Minuten backen. Auskühlen lassen.

TIPP

Wer keine Spekulatius-Form besitzt, kann den Teig auch einfach auf einer bemehlten Arbeitsfläche ausrollen und beliebige Figuren ausstechen. Wer mag, drückt die Teigfiguren vor dem Backen noch mit der Unterseite in gehobelte Mandeln.

ELISEN-LEBKUCHEN

FÜR CA. 45 STÜCK

FÜR DIE LEBKUCHEN:

100 g Mandeln

380 g Haselnüsse

50 g Walnüsse

60 g Marzipanrohmasse

6 Eier

150 g Zucker

3 Tl Vanille-Extrakt

abgeriebene Schale von 1 ½
    unbehandelten Orangen

abgeriebene Schale von
    1 unbehandelten Zitrone

50 g Orangeat

50 g Zitronat

1 El Rum oder Orangensaft

2 Msp. Pottasche

3 Mandeln pro Lebkuchen

AUSSERDEM:

ca. 45 Backoblaten (7 cm Ø)

100 g Puderzucker für den Guss

Zubereitungszeit:
ca. 40 Minuten
(plus Ruhezeit und Backzeit)
Pro Stück ca. 126 kcal/526 kJ

Mandeln und 100 g Haselnüsse in einem Blitzhacker fein zerkleinern und anschließend in eine Schüssel umfüllen. Restliche Haselnüsse und die Walnüsse im Blitzhacker grob zerkleinern und ebenfalls in die Schüssel geben. Die Marzipanrohmasse klein hacken.

Die Eier mit dem Zucker dickcremig aufschlagen, bis sich der Zucker vollständig aufgelöst hat. Die Nüsse, das gehackte Marzipan sowie die restlichen Zutaten, außer den Mandeln, hinzufügen und alles zu einem glatten Teig verkneten. Den Teig mit Folie bedeckt bei Zimmertemperatur 24 Stunden ruhen lassen.

Den Backofen auf 200 °C vorheizen. Ein Backblech mit Backpapier belegen. Den Teig mithilfe eines angefeuchteten Esslöffels jeweils etwa 1 cm hoch auf die Oblaten streichen. Jeweils 3 Mandeln leicht in den Teig drücken. Die Lebkuchen auf das Backblech legen und ca. 15 Minuten goldbraun backen.

Für den Guss Puderzucker mit etwas heißem Wasser zu einer dicken Creme verrühren und die Lebkuchen damit bestreichen. Fest werden lassen.

TIPP

In einer verschlossenen
Dose bleiben die Leb-
kuchen 2–3 Wochen
frisch.

TREND-KEKSE

* * *

Raffinierte neue
Rezeptideen

CRANBERRY-COOKIES
mit Roter Bete

FÜR CA. 45 STÜCK

50 g vorgegarte Rote Bete

60 g getrocknete Cranberrys

125 g weiche Butter

90 g Zucker

190 g Mehl

35 g Speisestärke

1 Prise Salz

1 Tl Backpulver

25 ml Milch

Zubereitungszeit:
ca. 15 Minuten
(plus Kühlzeit und Backzeit)
Pro Stück ca. 51 kcal/214 kJ

Rote Bete und Cranberrys in einem Blitzhacker oder mit dem Pürierstab fein zerkleinern. Butter, Zucker, Mehl, Speisestärke, Salz, Backpulver und Milch rasch zu einem glatten Teig verkneten. Rote Bete und Cranberrys hinzufügen und kurz, aber gründlich unterrühren.

Den Teig halbieren, jeweils auf Frischhaltefolie legen und ca. 25 cm lange und 3–4 cm dicke Rollen formen. In die Folie einschlagen und mindestens 1 Stunde kalt stellen.

Den Backofen auf 170 °C Umluft vorheizen. 2 Backbleche mit Backpapier auslegen. Die Teigrollen jeweils in ca. 1 cm dicke Scheiben schneiden und diese mit etwas Abstand zueinander auf dem Backblech verteilen. Die Cookies ca. 13 Minuten backen (sie sollten nur minimal Farbe annehmen).

MATCHA-RAUTEN
mit Marzipanfüllung

FÜR CA. 50 STÜCK

FÜR DEN TEIG:

300 g gemahlene Mandeln
70 g Mandelmehl
150 g Puderzucker
200 g weiche Butter
1 Ei
1 Eigelb

FÜR DIE MARZIPANFÜLLUNG:

175 g fein gemahlene Mandeln
120 g Puderzucker
1 El Rosenwasser
5 Tropfen Bittermandel-Aroma

FÜR DIE VERZIERUNG:

100 g Puderzucker
Matcha-Pulver zum Einfärben
Puderzucker zum Bestäuben

AUSSERDEM:

Mandelmehl zum Ausrollen

Zubereitungszeit:
ca. 40 Minuten
(plus Kühlzeit und Backzeit)
Pro Stück ca. 140 kcal/586 kJ

Alle Teigzutaten in einer Schüssel mischen und zu einem glatten Teig verkneten. Den Teig halbieren. Beide Teigportionen in Folie wickeln und ca. 2 Stunden im Kühlschrank ruhen lassen.

Für die Füllung alle Zutaten in einer Schüssel glatt verkneten. So viel Wasser hinzugeben, bis die Masse formbar ist. Mit Mandelmehl bestäuben und zwischen zwei Lagen Backpapier zu einem Rechteck à ca. 40 x 20 cm ausrollen.

Eine Teigportion aus dem Kühlschrank holen. Mit Mandelmehl bestäuben und zu einem Rechteck à ca. 40 x 20 cm ausrollen. Das Marzipan passgenau auflegen. Die zweite Teigportion ebenfalls mit Mandelmehl bestäuben und zu einem Rechteck à ca. 40 x 20 cm ausrollen. Dann passgenau auf die Marzipanschicht legen. Mit Folie abdecken und für 1 Stunde kalt stellen.

Den Backofen auf 160 °C vorheizen. Zwei Backbleche mit Backpapier auslegen. Aus der Hälfte der Teigplatte ca. 25 kleine Rauten schneiden, die andere Hälfte wieder kalt stellen. Die Rauten auf dem Blech verteilen und ca. 15 Minuten backen. Herausnehmen und auf dem Blech vollständig auskühlen lassen. Mit dem restlichen Teig genauso verfahren.

Für die Verzierung Puderzucker mit ca. 10 Tropfen Wasser in einem Topf erhitzen, bis sich eine homogene, sirupartige Masse bildet. Den Guss mit Matcha-Pulver grün einfärben und die ausgekühlten Plätzchen damit bestreichen. Trocknen lassen. Jeweils eine Plätzchenhälfte mit Puderzucker bestäuben.

STOLLENKONFEKT
mit Pistazien

FÜR CA. 55 STÜCK

100 g getrocknete Rosinen

50 ml Rum nach Belieben

500 g Mehl

15 g Backpulver

200 g Butter

250 g Sahnequark

150 g Zucker

2 Eier

abgeriebene Schale von
  1 unbehandelten Zitrone

½ Tl gemahlener Kardamom

½ Tl gemahlener Ingwer

1 Prise Salz

100 g Pistazienkerne

100 g Marzipanrohmasse

150 g Puderzucker zum
  Bestäuben

Mehl für die Arbeitsfläche

Zubereitungszeit:
ca. 25 Minuten
(plus Einweichzeit und Backzeit)
Pro Stück ca. 130 kcal/544 kJ

Die Rosinen nach Belieben ca. 1 Stunde in Rum einlegen. Anschließend gut abtropfen lassen und leicht ausdrücken.

Den Backofen auf 165 °C Umluft vorheizen. 2 Backbleche mit Backpapier auslegen. Mehl mit Backpulver mischen und in eine große Rührschüssel sieben. 120 g Butter in Stückchen, Quark, Zucker, Eier, Zitronenabrieb und die Gewürze hinzugeben und alles zu einem glatten Teig verkneten. Pistazien und Rosinen hinzufügen und unter den Teig kneten.

Den Teig auf der leicht bemehlten Arbeitsfläche etwa 1 cm dick ausrollen. Die Marzipanrohmasse dünn zwischen zwei Lagen Klarsichtfolie auf halbe Teiggröße ausrollen. Die Marzipanplatte auf eine Teigseite legen, die andere Seite darüber klappen. Den Teig in etwa 2 x 2 cm große Stücke schneiden und diese auf die Backbleche legen. Etwa 15 Minuten goldbraun backen.

In der Zwischenzeit die restliche Butter in einem kleinen Topf schmelzen. Das Stollenkonfekt direkt nach dem Backen mit der flüssigen Butter einstreichen und dick mit Puderzucker bestäuben.

TIPP

Falls Sie die Rosinen nicht
in Rum tränken möchten,
geben Sie ersatzweise ein paar
Tropfen Rum-Aroma mit
in den Teig.

MINI-NUSSHÖRNCHEN

FÜR CA. 32 STÜCK

FÜR DEN TEIG:

150 g Mehl

50 g Zucker

100 g kalte Butter

100 g Doppelrahmfrischkäse

FÜR DIE FÜLLUNG:

50 g gemahlene Haselnüsse

50 g brauner Zucker

½ Tl Zimt

Zubereitungszeit:
ca. 20 Minuten
(plus Kühlzeit und Backzeit)
Pro Stück ca. 74 kcal/308 kJ

Mehl und Zucker in eine Rührschüssel geben. Die kalte Butter in Stücken und den Frischkäse dazugeben. Alles von Hand oder mit dem Knethaken des Handrührgeräts rasch zu einem geschmeidigen Teig verkneten. Den Teig in Frischhaltefolie gewickelt mindestens 1 Stunde im Kühlschrank kalt stellen.

Den Backofen auf 180 °C vorheizen. Zwei Backbleche mit Backpapier auslegen. Für die Füllung die gemahlenen Haselnüsse mit dem braunen Zucker und dem Zimt vermischen.

Den gekühlten Teig halbieren und zu zwei Kugeln formen. ¼ der Nuss-Zucker-Mischung auf die Arbeitsfläche streuen. Eine der beiden Teigkugeln darauf gleichmäßig zu einem etwa 3 mm dicken Kreis ausrollen. Mit ¼ der Nuss-Zucker-Mischung bestreuen. Den Kreis mit einem scharfen Messer oder Pizzaschneider in 16 Kuchenstücke schneiden. Die einzelnen Stücke jeweils von der breiten Seite her zu kleinen Hörnchen aufrollen. Mit der anderen Teigkugel genauso verfahren.

Die Hörnchen auf die Bleche setzen und die Bleche nacheinander jeweils ca. 12 Minuten backen, bis die Hörnchen goldbraun und knusprig sind. Auf einem Kuchengitter abkühlen lassen.

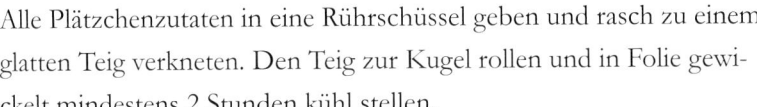

FENSTER-PLÄTZCHEN

FÜR CA. 20 STÜCK

FÜR DIE PLÄTZCHEN:

300 g Mehl

200 g Butter

1 großes Ei

100 g Puderzucker

1 Tl Vanille-Extrakt

1 Prise Salz

FÜR DIE FENSTER:

ca. 100 g bunte Bonbons
nach Belieben

Zubereitungszeit:
ca. 15 Minuten
(plus Kühlzeit und Backzeit)
Pro Stück ca. 178 kcal/743 kJ

Alle Plätzchenzutaten in eine Rührschüssel geben und rasch zu einem glatten Teig verkneten. Den Teig zur Kugel rollen und in Folie gewickelt mindestens 2 Stunden kühl stellen.

Die Bonbons in einen Gefrierbeutel füllen und mit einem Hammer oder mit dem Nudelholz fein zerkleinern, ggf. im Blitzhacker weiter zerkleinern, bis ein hauchfeines Pulver entsteht.

Den Backofen auf 180 °C vorheizen. 2 Backbleche mit Backpapier auslegen. Den Teig ca. 0,5 cm dick ausrollen. Mit einem Stern-Ausstechförmchen (8–10 cm Ø) Plätzchen ausstechen und auf die Backbleche legen. Jeweils in der Mitte der Plätzchen einen kleineren Stern herausstechen. Mit einem Essstäbchen oder einem anderen dünnen, spitzen Werkzeug Löcher zum Aufhängen einstechen.

Die Plätzchen 4–5 Minuten backen (sie dürfen keine Farbe annehmen). Das Blech herausnehmen und die Plätzchen gleichmäßig mit dem Bonbonpulver füllen. Die Plätzchen 4–5 Minuten weiterbacken, bis das Bonbonpulver geschmolzen ist und die Plätzchen an den Rändern leicht Farbe annehmen. Dabei zwischendurch regelmäßig prüfen, ob sich die Masse gleichmäßig verteilt. Falls sich Lücken bilden sollten, etwas Bonbonpulver zum Füllen daraufstreuen. Die Plätzchen auf dem Blech vollständig abkühlen lassen, erst dann vorsichtig vom Backpapier lösen.

TIPP

Der Teig darf nicht zu
dünn ausgerollt werden, dann
laufen die Bonbons über; nicht
zu dick, dann verformen
sich die Plätzchen!

MOHN-SPIRALEN
mit Mandelkruste

FÜR CA. 40 STÜCK

FÜR DEN TEIG:

200 g Mandelmehl
100 g Kokosmehl
1 El Guarkernmehl
180 g weiche Butter
1 Ei (Größe M)
65 g Puderzucker

FÜR DIE FÜLLUNG:

1 Vanilleschote
100 ml Sahne
75 g Puderzucker
70 g gemahlener Mohn

AUSSERDEM:

gehackte Mandeln zum Wälzen

Zubereitungszeit:
ca. 30 Minuten
(plus Kühlzeit und Backzeit)
Pro Stück ca. 96 kcal/402 kJ

Mandelmehl, Kokosmehl und Guarkernmehl in einer Schüssel vermischen. Butter, Ei und Puderzucker hinzugeben und alles zu einem glatten Teig verkneten. Zur Kugel rollen, in Frischhaltefolie wickeln und 2 Stunden kalt stellen.

Für die Füllung die Vanilleschote längs aufschneiden und das Mark herausschaben. Die Sahne zusammen mit Vanillemark, Vanilleschote und Puderzucker in einem Topf unter Rühren aufkochen, dann vom Herd ziehen. Die Vanilleschote entfernen, den Mohn unterrühren und alles abkühlen lassen.

Den Backofen auf 175 °C vorheizen. Ein Backblech mit Backpapier auslegen. Den Teig zwischen zwei Lagen Backpapier ca. 7 mm dick zu einem Rechteck à ca. 35 x 10 cm ausrollen. Die Mohnmasse daraufstreichen. Den Teig mithilfe des Backpapiers von der Längsseite aufrollen und die Rolle mit den Händen leicht festdrücken. Die gehackten Mandeln auf die Arbeitsfläche streuen und die Rolle darin wälzen. Die Rolle mit Frischhaltefolie abdecken und mindestens 1 Stunde durchkühlen lassen, dann in ca. 10 mm dicke Scheiben schneiden.

Die Mohn-Spiralen auf dem Backblech verteilen und etwa 12 Minuten backen, bis sich die Ränder leicht bräunen. Herausnehmen und auf dem Blech abkühlen lassen.

SCHMANDKRINGEL
mit Himbeer-Hagelzucker

FÜR CA. 30 STÜCK

FÜR DEN TEIG:

100 g Mehl
100 g Speisestärke
50 g weiche Butter
150 g Schmand

FÜR DIE VERZIERUNG:

200 g Hagelzucker
1–2 Tl Himbeerpulver
1 Eigelb
2 El Sahne

Zubereitungszeit:
ca. 20 Minuten
(plus Kühlzeit und Backzeit)
Pro Stück ca. 77 kcal/323 kJ

Für den Teig das Mehl mit der Speisestärke in einer Rührschüssel vermischen. Die weiche Butter in Stückchen und den Schmand dazugeben und alle Zutaten zügig zu einem glatten Teig verkneten. Den Teig in Frischhaltefolie gewickelt mindestens 1 Stunde im Kühlschrank kalt stellen.

Den Backofen auf 200 °C vorheizen. Zwei Backbleche mit Backpapier auslegen. Den Teig zwischen zwei Lagen Frischhaltefolie etwa 3 mm dick ausrollen. Erst mit einem großen runden Ausstecher Kreise ausstechen, dann mit einem kleineren Ausstecher kleinere Kreise aus der Mitte herausstechen, sodass Kringel entstehen. Die Teigkringel auf die vorbereiteten Backbleche setzen.

Den Hagelzucker mit dem Fruchtpulver je nach gewünschter Farbintensität mischen und einfärben. Das Eigelb und die Sahne gut verquirlen. Die Schmandkringel erst mit der Eigelb-Sahne-Mischung bestreichen, dann mit reichlich eingefärbtem Hagelzucker bestreuen. Die Bleche nacheinander jeweils ca. 14 Minuten backen. Die Schmandkringel auf einem Kuchengitter abkühlen lassen.

TIPP

Himbeerpulver ist ein stark
färbendes Fruchtpulver aus gefrier-
getrockneten Himbeeren, das Sie online
kaufen können. Wer kein Fruchtpulver
bekommt, kann den Hagelzucker
auch einfach mit etwas flüssiger
Lebensmittelfarbe bunt
einfärben.

LEMON-CURD-COOKIES

FÜR CA. 70 STÜCK

FÜR DAS LEMON CURD:

3 Eier

120 g Butter in Stücken

250 g Puderzucker

abgeriebene Schale von
  2 unbehandelten Zitronen

140 g frisch gepresster Zitronensaft (Saft von 3–4 Zitronen)

FÜR DEN TEIG:

250 g Mehl

200 g gemahlene Mandeln

½ Tl Backpulver

½ Tl Zimt

1 Prise Salz

150 g Zucker

250 g kalte Butter in Stücken

1 Ei

1 Eigelb

AUSSERDEM:

Puderzucker zum Bestäuben

Butter für die Form

Zubereitungszeit:
ca. 30 Minuten
(plus Kochzeit, Kühlzeit und Backzeit)
Pro Stück ca. 98 kcal/409 kJ

Alle Zutaten für das Lemon Curd in einen großen Topf mit schwerem Boden geben. Bei niedriger Hitze (maximal 90 °C, damit das Ei nicht stockt) unter ständigem Rühren mit einem Schneebesen zu einer dicken Creme aufschlagen. Vom Herd nehmen und auskühlen lassen.

Für den Teig alle Zutaten in eine Rührschüssel geben und rasch zu einem glatten Teig verkneten. Den Teig in Frischhaltefolie wickeln und 30 Minuten im Kühlschrank kalt stellen.

Den Backofen auf 180 °C vorheizen. Ein tiefes Backblech gründlich mit Butter einfetten. ²/₃ des Teiges gleichmäßig auf dem Backblech ausrollen (den restlichen Teig bis zur weiteren Verwendung kalt stellen). Den Boden mehrfach mit einer Gabel einstechen, dann 15 Minuten vorbacken. Inzwischen den restlichen Teig zwischen zwei Bögen Backpapier ca. 3 mm dick ausrollen, dann schräg in 1 cm breite Streifen schneiden.

Das Lemon Curd gleichmäßig auf dem vorgebackenen Boden verstreichen. Die Teigstreifen diagonal mit gleichmäßigem Abstand darauf platzieren. Weitere ca. 20 Minuten backen. Auf einem Kuchengitter vollständig abkühlen lassen, dann in Streifen schneiden. Mit Puderzucker bestäuben.

TIPP

Wenn es schneller gehen
soll, können Sie auch einfach
auf ein Glas Lemon Curd
aus dem Supermarkt
zurückgreifen.

PEANUTBUTTER-COOKIES

FÜR CA. 20 STÜCK

150 g ungesüßte
   Erdnussbutter (crunchy)
80 g Puder-Erythrit
2 Eier
100 g gemahlene Mandeln
1 Tl Weinstein-Backpulver
1 Msp. Zimt
ungesüßter Backkakao zum
   Bestäuben nach Belieben

Zubereitungszeit:
ca. 10 Minuten
(plus Backzeit)
Pro Stück ca. 81 kcal/339 kJ

Den Backofen auf 180 °C vorheizen. Ein Backblech mit Backpapier auslegen. Die Erdnussbutter mit dem Puder-Erythrit in eine Schüssel geben und schaumig quirlen. Die Eier nacheinander hinzufügen und jeweils ca. 3 Minuten unterrühren. Die gemahlenen Mandeln mit Backpulver und Zimt mischen, zur Eier-Mischung geben und alles gründlich verrühren.

Mithilfe von zwei Teelöffeln Teig-Nocken abstechen und diese auf dem Backblech verteilen. Mit den Teelöffeln leicht andrücken und darauf achten, dass die Cookies eine möglichst runde Form erhalten. Die Cookies jeweils mit einer Gabel quer und längs eindrücken, sodass ein Karomuster entsteht.

Die Cookies ca. 15 Minuten backen, dann herausnehmen und auf dem Blech abkühlen lassen. Nach Belieben leicht mit Kakaopulver bestäuben.

OHNE ZUCKER

LOW CARB

GLUTEN-FREI

Beschneite
TANNENBÄUMCHEN

FÜR CA. 50 STÜCK

FÜR DEN TEIG:
200 g weiche Butter
175 g Zucker
1 Ei
abgeriebene Schale von
  1 unbehandelten Zitrone
350 g Mehl
½ Tl Backpulver
1 Prise geriebene Tonkabohne
Mehl für die Arbeitsfläche

FÜR DIE ZITRONENGLASUR:
250 g Puderzucker
5 El Zitronensaft

Zubereitungszeit:
ca. 25 Minuten
(plus Backzeit, Zeit zum Abkühlen
und Zeit zum Trocknen)
Pro Stück ca. 90 kcal/378 kJ

Den Backofen auf 180 °C vorheizen. Zwei Backbleche mit Backpapier auslegen. Die Butter mit dem Zucker einige Minuten lang dick-cremig aufschlagen, bis sich der Zucker weitgehend aufgelöst hat. Das Ei und die Zitronenschale dazugeben und gründlich untermixen. Mehl, Backpulver und Tonkabohne vermischen, dann nach und nach unter den Teig rühren. Den Teig mit angefeuchteten Händen noch einmal gut durchkneten.

Den Teig auf einer reichlich bemehlten Arbeitsfläche ca. 5 mm dick ausrollen und mit einem Keksausstecher Tannenbäume ausstechen. Die Plätzchen auf die Bleche legen und die Bleche nacheinander jeweils ca. 8 Minuten backen. Die Plätzchen 5 Minuten auf dem Backblech abkühlen lassen, dann auf einem Kuchengitter vollständig auskühlen lassen.

Für die Zitronenglasur den Puderzucker in eine Schüssel sieben, den Zitronensaft dazugeben und alles mit einem Schneebesen zu einer glatten, nicht zu flüssigen Glasur verrühren. Die Zitronenglasur in einen Spritzbeutel füllen und die Plätzchen damit verzieren. Trocknen lassen.

MINI-HIMBEERTÖRTCHEN

FÜR CA. 30 STÜCK

FÜR DIE CREME:

220 g Crème fraîche
350 g weiße Schokolade
   in Stücken
150 g Himbeeren
50 ml Himbeersirup

FÜR DEN TEIG:

125 g Mehl
1 Eigelb
50 g feiner Zucker
1 Prise Salz
100 g weiche Butter
Mark von ½ Vanilleschote

AUSSERDEM:

Himbeeren zum Garnieren
Mehl für die Arbeitsfläche

Zubereitungszeit:
ca. 1 Stunde
(plus Kühlzeit und Backzeit)
Pro Stück ca. 144 kcal/603 kJ

Für die Creme Crème fraîche in einem Topf aufkochen und die weiße Schokolade unter Rühren darin schmelzen. Die Himbeeren waschen, trocken tupfen und pürieren. Zusammen mit dem Himbeersirup (nach Belieben etwas mit Wasser verdünnt) einrühren. Die Creme etwa 3 Stunden kalt stellen.

Für den Teig alle Zutaten in eine Rührschüssel geben und rasch mit den Händen zu einem glatten Teig verkneten. Zur Kugel rollen, in Folie wickeln und 30 Minuten im Kühlschrank ruhen lassen.

Den Backofen auf 200 °C vorheizen. Den Teig auf einer leicht bemehlten Arbeitsfläche 3–4 mm dick ausrollen und mit runden Ausstechförmchen Plätzchen ausstechen. Die Plätzchen auf mit Backpapier ausgelegte Backbleche legen und 8–10 Minuten backen. Auf einem Kuchengitter auskühlen lassen.

Die Creme in einen Spritzbeutel geben und dekorativ auf die Plätzchen spritzen. Die Himbeeren waschen, trocken tupfen und die Plätzchen damit garnieren. Bis zum Servieren im Kühlschrank aufbewahren.

MANDELKEKSE
mit Ingwer und Orange

FÜR CA. 20 STÜCK

1 unbehandelte Orange
1 Stück Ingwer (ca. 0,5 cm)
100 g Dinkelvollkornmehl
1 Tl Weinstein-Backpulver
200 g Mandelmus
3 El Agavendicksaft
1 Prise Salz
100 g gemahlene Mandeln

Zubereitungszeit:
ca. 25 Minuten
(plus Kühlzeit und Backzeit)
Pro Stück ca. 118 kcal/495 kJ

Die Orange heiß waschen und trocken reiben. 1 Teelöffel Schale dünn abreiben, 1 Esslöffel Saft auspressen. Den Ingwer schälen und ganz fein hacken.

Das Mehl mit dem Backpulver mischen und in eine Schüssel sieben. Orangenschale und -saft mit dem Ingwer hinzugeben. Mandelmus, Agavendicksaft und Salz ebenfalls hinzugeben. Alles verkneten und zu einer ca. 3 cm dicken Rolle formen.

Die gemahlenen Mandeln auf einem Teller verteilen und die Rolle darin wälzen. Dann in Folie wickeln und ca. 1 Stunde kalt stellen.

Den Backofen auf 180 °C vorheizen. Ein Backblech mit Backpapier auslegen. Die Rolle in Scheiben schneiden, die Scheiben auf dem Backblech verteilen und ca. 10 Minuten goldbraun backen. Herausnehmen und auf dem Blech vollständig auskühlen lassen.

VEGAN

OHNE ZUCKER

ZIMTSCHNECKEN-
Cookies

FÜR CA. 30 STÜCK

FÜR DEN TEIG:

2 Eier

125 g Zucker

50 g weiche Butter

50 g Doppelrahmfrischkäse

250 g Mehl

ZUM WÄLZEN:

75 g brauner Zucker

1 Tl Zimt

Zubereitungszeit:
ca. 20 Minuten
(plus Kühlzeit und Backzeit)
Pro Stück ca. 69 kcal/290 kJ

Die Eier mit dem Zucker zu einer dickschaumigen Masse schlagen. Butter und Frischkäse gut untermixen. Das Mehl dazugeben, kurz unterrühren, dann alles zu einem geschmeidigen Teig verkneten. Den Teig in Frischhaltefolie gewickelt ca. 30 Minuten im Kühlschrank kalt stellen.

Den Backofen auf 180 °C vorheizen. Zwei Backbleche mit Backpapier auslegen. Den braunen Zucker mit dem Zimt vermischen. Den Teig in haselnussgroße Stücke teilen und jedes Teigstück zu einer etwa bleistiftdicken Rolle formen. Jede Rolle rundherum in der Zucker-Zimt-Mischung wälzen, dann jeweils fest zu einer Schnecke aufwickeln.

Die Schnecken mit etwas Abstand zueinander auf die Backbleche legen und ca. 12 Minuten backen, bis sie goldbraun und knusprig sind. Auf einem Kuchengitter abkühlen lassen.

FLORENTINER-PIE-POPS

FÜR 12–14 STÜCK

FÜR DEN TEIG:
300 g Mehl
1 El ungesüßtes Kakaopulver
4 El Zucker
1 Msp. Salz
150 g kalte Butter

FÜR DIE FÜLLUNG:
150 g gemischte Nüsse nach
   Belieben
90 g Butter
150 g brauner Zucker
1 P. Vanillezucker
1 Prise Salz
1 Ei

AUSSERDEM:
12–14 gewässerte Holzspieße
1 Ei zum Bestreichen
Puderzucker zum Bestäuben

Zubereitungszeit:
ca. 25 Minuten
(plus Kühlzeit und Zeit zum Abkühlen)
Pro Stück ca. 290 kcal/1214 kJ

Mehl, Kakaopulver, Zucker und Salz in einer Schüssel vermischen. Die Butter in Flöckchen zügig unterarbeiten. Zum Schluss so viel Wasser (ca. 2 Esslöffel) dazugeben und einarbeiten, bis ein geschmeidiger Teig entsteht. Anschließend jeweils $^1/_3$ und $^2/_3$ des Teiges zu 2 flachen Scheiben formen, in Frischhaltefolie wickeln und etwa 30 Minuten im Kühlschrank kalt stellen.

Den Backofen auf 180 °C vorheizen. Ein Backblech mit Backpapier belegen. Für die Füllung die Nüsse fein hacken und in einer Pfanne ohne Fettzugabe goldbraun rösten. Die Butter in einem Topf zerlassen. Zucker, Vanillezucker und Salz hineinrühren. Die Nüsse dazugeben und unterrühren. Die Mischung abkühlen lassen. Zum Schluss das Ei aufschlagen und unter die Mischung rühren.

$^2/_3$ des Teiges zwischen zwei Lagen Frischhaltefolie oder Backpapier ca. 3 mm dick ausrollen. Mit einem Glas Kreise von ca. 8 cm Durchmesser ausstechen und so auf dem Blech platzieren, dass sich die Stiele später nicht überkreuzen. Die Stiele mittig auflegen und leicht andrücken. Jeweils etwas Nussfüllung in die Mitte geben, dabei einen ausreichend breiten Rand frei lassen.

Den restlichen Teig ausrollen und ca. 5 mm breite Streifen in der Größe der Böden ausschneiden. Die Streifen gitterförmig auf die Teigkreise legen und am Rand leicht andrücken. Das Ei verquirlen und die Pie Pops damit bestreichen, dann ca. 20 Minuten backen. Anschließend auf dem Blech vollständig auskühlen lassen. Vor dem Servieren mit Puderzucker bestäuben.

KEKSEEEEEE

KNUSPERTASCHEN
mit Cranberry-Füllung

FÜR CA. 40 STÜCK

FÜR DEN TEIG:

300 g Dinkelmehl (Type 630)
60 g Rohrohrzucker
1 P. Vanillezucker
abgeriebene Schale von
  1 unbehandelten Zitrone
1 Prise Salz
200 g vegane Butter
2 El Pflanzendrink
40 g Marzipanrohmasse
Mehl für die Arbeitsfläche

FÜR DIE FÜLLUNG:

1 El getrocknete Cranberrys
abgeriebene Schale von
  ½ unbehandelten Orange
50 g Pinienkerne
100 g Cranberry-Marmelade

FÜR DIE VERZIERUNG:

1 El Pinienkerne
1 El getrocknete Cranberrys
50 g Zartbitterschokolade

Zubereitungszeit:
ca. 45 Minuten
(plus Kühlzeit und Backzeit)
Pro Stück ca. 94 kcal/393 kJ

Mehl, Zucker, Vanillezucker, Zitronenschale und Salz in einer großen Rührschüssel vermischen. In einer zweiten Schüssel die zimmerwarme Butter, den Pflanzendrink und die zerkleinerte Marzipanrohmasse mit den Rührbesen des Handrührgeräts verquirlen, dann zu den trockenen Zutaten geben. Das Ganze mit den Knethaken des Handrührgeräts zu einem glatten Teig verkneten. Den Teig in Folie gewickelt ca. 1 Stunde kalt stellen.

Den Backofen auf 180 °C vorheizen. Ein Backblech mit Backpapier auslegen. Für die Füllung die Cranberrys hacken und zusammen mit der Orangenschale und den Pinienkernen in die Marmelade rühren.

Die Arbeitsfläche mit etwas Mehl bestäuben und den Teig darauf 2–3 mm dick ausrollen. Die Teigfläche in 4 x 4 cm große Quadrate schneiden, diese jeweils mit ca. ½ Tl Füllung versehen. Die Ränder mit Wasser befeuchten und die Quadrate zu Dreiecken zusammenklappen. Die Ränder leicht andrücken. Die Taschen auf das Backblech legen und ca. 10 Minuten backen. Auf dem Blech auskühlen lassen.

In der Zwischenzeit die Pinienkerne ohne Fettzugabe kurz bei mittlerer Hitze in der Pfanne rösten. Die Cranberrys hacken. Die Schokolade hacken und im Wasserbad schmelzen. Die Schokolade mit einem Löffel in Streifen über die Pinientaschen ziehen und mit Pinienkernen und gehackten Cranberrys bestreuen.

SCHOKO-PLÄTZCHEN
mit Spitzenmuster

FÜR CA. 35 STÜCK

FÜR DEN TEIG:

250 g Mehl
2 El ungesüßtes Kakaopulver
1 Prise Salz
100 g Zucker
1 Ei
125 g kalte Butter

AUSSERDEM:

Mehl für die Arbeitsfläche
Puderzucker zum Bestäuben

Zubereitungszeit:
ca. 20 Minuten
(plus Kühlzeit und Backzeit)
Pro Stück ca. 67 kcal/281 kJ

Mehl, Kakaopulver und Salz mischen und in eine Rührschüssel sieben. Zucker, Ei und die kalte Butter in Stückchen dazugeben und alles rasch zu einem glatten Teig verkneten. Den Teig in Frischhaltefolie gewickelt ca. 1 Stunde im Kühlschrank kalt stellen.

Den Backofen auf 180 °C vorheizen. Zwei Backbleche mit Backpapier auslegen. Den Teig auf einer leicht bemehlten Arbeitsfläche ausrollen. Mit einem runden Ausstechförmchen mit gewelltem Rand Plätzchen ausstechen und auf den Blechen verteilen. Die Plätzchen nach Belieben mithilfe von kleinen Spritztüllen oder Holzstäbchen mit Löchern versehen, sodass ein dekoratives Spitzenmuster entsteht.

Die Bleche nacheinander jeweils ca. 10 Minuten backen, danach die Plätzchen auf einem Kuchengitter abkühlen lassen. Mit Puderzucker bestäuben.

TIPP

Alternativ können Sie auch nur die Hälfte der Plätzchen mit einem Muster versehen. Die andere Hälfte nach dem Backen mit Marmelade bestreichen und die Spitzen-Plätzchen aufsetzen!

BANANENKEKSE
mit Nüssen und Haferflocken

FÜR CA. 20 STÜCK

50 g Mandeln

50 g Haselnüsse

100 g Weizenvollkornmehl

50 g blütenzarte Haferflocken

1 reife Banane

60 ml flüssiger Honig

Mark von 1 Vanilleschote

1 Tl Zimt

1 Msp. Meersalz

100 ml Sonnenblumenöl

Zubereitungszeit:
ca. 25 Minuten
(plus Backzeit)
Pro Stück ca. 114 kcal/478 kJ

Den Backofen auf 180 °C vorheizen. Ein Backblech mit Backpapier auslegen. Mandeln und Haselnüsse jeweils zur Hälfte fein mahlen. Den Rest etwas körniger belassen. Alles mit dem Mehl und den Haferflocken in einer Schüssel mischen. Die Banane mit dem Honig pürieren und hinzugeben. Vanillemark, Zimt, Meersalz und Sonnenblumenöl dazugeben und alles gut verkneten.

Aus dem Teig mithilfe von zwei Teelöffeln kleine Häufchen formen. Auf dem Backblech verteilen und ca. 10 Minuten backen. Vollständig abkühlen lassen.

Raffinierte
MATCHA-KIPFERL

FÜR CA. 35 STÜCK

FÜR DEN TEIG:
275 g Mehl

75 g Puderzucker

10 g Matcha-Pulver

100 g geschälte gemahlene
   Mandeln

200 g kalte Butter

FÜR DIE VERZIERUNG:
75 g weiße Kuvertüre

Zubereitungszeit:
ca. 20 Minuten
(plus Backzeit)
Pro Stück ca. 103 kcal/432 kJ

Den Backofen auf 180 °C vorheizen. Ein Backblech mit Backpapier auslegen. Mehl, Puderzucker, Matcha-Pulver und die gemahlenen Mandeln in eine Rührschüssel geben und alles gut miteinander vermischen. Die kalte Butter in Stücken kurz und gründlich unterkneten, dann alles rasch zu einem glatten Teig verkneten.

Etwa walnussgroße Teigportionen abnehmen und zwischen den Handflächen erst zu Kugeln rollen, dann vorsichtig zu Kipferln formen. Die Kipferl auf das Backblech setzen und ca. 15 Minuten backen. Auf einem Kuchengitter vollständig abkühlen lassen. Die Kuvertüre im Wasserbad schmelzen und die Kipferl damit verzieren.

TIPP
Matcha ist ein zu feinem Pulver zermahlener japanischer Grüntee.

Schoko-Minz-
MINI-WHOOPIES

FÜR 10 STÜCK

FÜR DEN TEIG:

1 Ei
150 g brauner Zucker
150 g Buttermilch
75 g geschmolzene Butter
200 g Mehl
75 g ungesüßtes Kakaopulver
1 Tl Backpulver

FÜR DIE FÜLLUNG:

60 g weiche Butter
125 g gesiebter Puderzucker
150 g zimmerwarmer
   Doppelrahmfrischkäse
½ Tl Pfefferminzextrakt

AUSSERDEM:

Puderzucker zum Verzieren

Zubereitungszeit:
ca. 25 Minuten
(plus Kühlzeit und Backzeit)
Pro Stück ca. 377 kcal/1577 kJ

Für den Teig das Ei mit dem braunen Zucker einige Minuten lang dickschaumig aufschlagen. Die Buttermilch und die geschmolzene Butter gründlich unterrrühren. Mehl, Kakaopulver und Backpulver in eine separate Schüssel sieben, gründlich vermischen und nach und nach unter den Teig rühren. Den Teig mit Frischhaltefolie abdecken und für 30 Minuten in den Kühlschrank stellen.

Den Backofen auf 180 °C vorheizen. Zwei Backbleche mit Backpapier auslegen. Mit einem kleinen Eisportionierer oder zwei Esslöffeln 20 Teigstücke vom Teig abnehmen und als Kugeln auf die Backbleche setzen. Dabei genügend Abstand zueinander lassen, da die Whoopies noch auseinander laufen. Die Kugeln leicht flach drücken, dann ca. 14 Minuten backen. Die Whoopies nach dem Backen auf einem Kuchengitter vollständig auskühlen lassen.

In der Zwischenzeit für die Füllung die Butter mit dem gesiebten Puderzucker zu einer dicken Creme aufschlagen. Den Frischkäse teelöffelweise unterrühren und den Pfefferminzextrakt dazugeben. Noch einmal kurz zu einer luftigen Creme aufschlagen. Die Creme in einen Spritzbeutel füllen und jeweils großzügig auf die Hälfte der Whoopies spritzen. Die anderen Hälften auflegen.

Für die Verzierung eine Schneeflocken-Schablone (siehe Tipp) auf die Oberseite der Whoopies legen und Puderzucker darüberstäuben. Die Whoopies bis zum Servieren gekühlt aufbewahren.

TIPP

Für die Schneeflocken-Schablone einfach einen kleinen Schneeflocken-Keksausstecher auf ein Blatt Papier legen und die Umrisse mit einem Bleistift nachfahren. Die Schneeflocke mit einer kleinen Schere ausschneiden, dann auf die Whoopies legen und Puderzucker darüberstreuen. Die Schablone vorsichtig entfernen.

GLUTEN-
FREI

LOW
CARB

OHNE
ZUCKER

KOKOSMONDE
mit farbigen Kokosraspeln

FÜR CA. 40 STÜCK

FÜR DEN TEIG:

200 g Kokosmehl

80 g Puder-Erythrit

4 Eigelb

200 g Butter

75 ml ungesüßte Kokosmilch

1 Tl abgeriebene Schale von
   1 unbehandelten Orange

FÜR DIE VERZIERUNG:

Kokosraspel zum Bestreuen

Lebensmittelfarbe in Rosa

1 Eiweiß

1 Prise Salz

200 g Puder-Erythrit

Zubereitungszeit:
ca. 30 Minuten
(plus Kühlzeit, Backzeit und
Abkühlzeit)
Pro Stück ca. 80 kcal/336 kJ

Für den Teig Kokosmehl mit Puder-Erythrit in einer Schüssel vermischen. Die restlichen Teigzutaten hinzugeben und alles zu einem glatten Teig verkneten. Den Teig in zwei Portionen teilen, separat in Folie wickeln und ca. 2 Stunden kalt stellen.

Den Backofen auf 175 °C vorheizen. Ein Backblech mit Backpapier auslegen. Eine Teigportion zwischen zwei Lagen Backpapier ca. 3 mm dick ausrollen. Mit einem Ausstechförmchen Monde ausstechen. Die Monde auf dem Blech verteilen und ca. 10 Minuten backen, bis die Ränder zart gebräunt sind. Herausnehmen und die Plätzchen auf dem Blech abkühlen lassen. Mit der zweiten Teigportion genauso verfahren.

Für die Verzierung die Kokosraspel rosa einfärben. Dazu die Raspel mit etwas Lebensmittelfarbe in eine Schüssel geben und vermischen. Eiweiß mit Salz steif schlagen. Puder-Erythrit hinzugeben und alles gut verquirlen. Die Glasur auf die abgekühlten Plätzchen pinseln und alles üppig mit den eingefärbten Kokosraspeln bestreuen. Trocknen lassen.

PLÄTZCHEN AUS ALLER WELT

* * *

Guetzli, Gingerbread
& Co.

Schoko-Crinkle-
COOKIES

FÜR CA. 35 STÜCK

250 g Mehl
1 ½ Tl Backpulver
80 g Kakaopulver
1 Prise Salz
200 g weiche Butter
2 Eier
170 g Zucker
1 Tl Vanille-Extrakt
100 g Puderzucker zum Wälzen

Zubereitungszeit:
ca. 20 Minuten
(plus Kühlzeit und Backzeit)
Pro Stück ca. 111 kcal/465 kJ

Mehl mit Backpulver, Kakaopulver und Salz vermischen. Butter in Stückchen, Eier, Zucker und Vanille-Extrakt gründlich verrühren. Die Mehlmischung nach und nach dazugeben und unterrühren. Den Teig ca. 30 Minuten im Kühlschrank kalt stellen.

2 Backbleche mit Backpapier belegen. Aus dem Teig etwa walnussgroße Kugeln formen und mit etwas Abstand auf den Backblechen verteilen. Nochmals für 30 Minuten kalt stellen.

Den Backofen auf 160 °C Umluft vorheizen. Den Puderzucker in eine Schale sieben. Die Oberseiten der Teigkugeln in dem Puderzucker wälzen und die Cookies wieder auf die Bleche legen. Die Cookies ca. 13 Minuten backen (sie sollten möglichst keine Farbe annehmen), dann vollständig auf dem Blech abkühlen lassen.

SHORTBREAD

FÜR CA. 24 STÜCK

120 g Mehl
60 g Reismehl
120 g Butter
60 g Zucker
1 Prise Salz

Zubereitungszeit:
ca. 10 Minuten
(plus Kühlzeit und Backzeit)
Pro Stück ca. 68 kcal/285 kJ

Mehl und Reismehl in eine große Rührschüssel sieben. Die Butter in kleinen Stücken darauf verteilen. Zucker und Salz zugeben und alles zügig mit den Händen zu einem glatten Teig verkneten.

Den Teig in eine rechteckige Tarteform (ca. 10 x 35 cm) oder in eine vergleichbare Form mit herausnehmbarem Boden legen und mit einem Spatel gleichmäßig flachdrücken. Mit einem spitzen Messer die einzelnen Riegel vorritzen und jeden Riegel mehrfach mit einer Gabel einstechen. Die Form mindestens 40 Minuten in den Kühlschrank stellen.

Den Backofen auf 180 °C vorheizen. Den Teig ca. 30 Minuten backen, bis er goldgelb ist. Das Shortbread vorsichtig aus der Form lösen und mit einem scharfen Messer noch heiß in Riegel schneiden.

TIPP
Das in Großbritannien für Shortbread häufig verwendete Reismehl macht die Konsistenz besonders fein und mürbe. Reismehl erhält man im Bio-Supermarkt oder im Reformhaus. Es kann durch dieselbe Menge herkömmlichen Mehls ersetzt werden.

GINGERBREAD

FÜR CA. 30 STÜCK

FÜR DEN TEIG:

500 g Mehl
2 Tl Backpulver
40 g ungesüßtes Kakaopulver
125 g gemahlene
　Haselnusskerne
350 g brauner Zucker
abgeriebene Schale von
　1 unbehandelten Zitrone
abgeriebene Schale von
　1 unbehandelten Orange
Mark von 1 Vanilleschote
2 Tl Lebkuchengewürz
1 Tl Zimt
2 Eier
200 g cremiger Honig
125 g kalte Butter
Mehl für die Arbeitsfläche

FÜR DIE VERZIERUNG:

250 g Puderzucker
1 frisches Eiweiß (Größe M)
einige Tropfen Zitronensaft

Zubereitungszeit:
ca. 25 Minuten
(plus Kühlzeit und Backzeit)
Pro Stück ca. 228 kcal/954 kJ

Für den Teig Mehl, Backpulver, Kakaopulver, gemahlene Nüsse und Zucker gut vermischen. Zitronen- und Orangenschale, Vanillemark und die Gewürze unter die Mischung rühren. In die Mitte eine Mulde drücken und die Eier hineingleiten lassen. Von innen nach außen mit den anderen Zutaten verkneten. Den Honig zusammen mit der kalten Butter in Stücken dazugeben und alles gründlich zu einem glatten Teig verkneten. Den Teig gut in Frischhaltefolie einwickeln und 1 Tag in den Kühlschrank legen.

Den Backofen am Backtag auf 180 °C vorheizen. Zwei Backbleche mit Backpapier auslegen. Den Teig in vier Portionen teilen und auf einer leicht bemehlten Arbeitsfläche etwa 5 mm dick ausrollen. Mit einem Lebkuchenmännchen-Ausstecher Figuren ausstechen und diese auf die vorbereiteten Backbleche legen. Die Bleche nacheinander jeweils ca. 15 Minuten backen. Nach dem Backen auf einem Kuchengitter auskühlen lassen.

In der Zwischenzeit für die Verzierung das Royal Icing anrühren (siehe auch S. 94–97). Dafür den Puderzucker in eine Schüssel sieben. Eiweiß hinzugeben und mit den Rührbesen des Handrührgerätes auf kleinster Stufe durchmengen. Die Rührstufe langsam erhöhen und wenige Tropfen Zitronensaft hinzufügen, bis eine dicke, weiß-glänzende Paste entstanden ist. Die Schüssel mit Klarsichtfolie abdecken und das Royal Icing 1 Stunde bei Zimmertemperatur ruhen lassen. Das Royal Icing in einen Spritzbeutel mit kleiner Lochtülle füllen und die Lebkuchenmännchen damit nach Belieben verzieren.

TIPP

Direkt nach dem Backen sind die
Lebkuchen noch sehr hart. Lässt man
sie aber einige Tage bei Zimmertemperatur liegen, werden sie herrlich weich.
Schneller geht es, wenn Sie sie zusammen mit einem Apfel in eine
Plätzchendose legen!

RICOTTA-BISCOTTI

FÜR CA. 35 STÜCK

FÜR DEN TEIG:
150 g Mehl

½ Tl Backpulver

1 Prise Salz

60 g Butter

1 Ei

140 g Zucker

210 g Ricotta

abgeriebene Schale von
 1 unbehandelten Zitrone

2 El Zitronensaft

FÜR DIE VERZIERUNG:
1–2 El Zitronensaft

100 g Puderzucker

ca. 30 g gemahlene Pistazien

Zubereitungszeit:
ca. 10 Minuten
(plus Kühlzeit und Backzeit)
Pro Stück ca. 64 kcal/270 kJ

Den Backofen auf 170 °C Umluft vorheizen. 2 Backbleche mit Backpapier auslegen. Für den Teig Mehl, Backpulver und Salz vermischen. Butter mit Ei und Zucker cremig rühren. Ricotta, Zitronenschale und Zitronensaft hinzugeben und glatt unterrühren. Zum Schluss die Mehlmischung dazugeben und zügig unterrühren. Den Teig in Folie wickeln und ca. 30 Minuten kalt stellen.

Von dem Teig walnussgroße Teighäufchen abstechen und diese mit etwas Abstand zueinander auf die Backbleche setzen. Die Biscotti ca. 15 Minuten backen, bis sie an den Rändern goldbraun sind.

Für den Guss Zitronensaft und Puderzucker verrühren und die Biscotti gitterförmig damit beträufeln. Die Pistazien aufstreuen und den Guss fest werden lassen.

BASLER BRUNSLI

FÜR CA. 25 STÜCK

150 g gemahlene Mandeln
150 g Puderzucker
2 El ungesüßtes Kakaopulver
½ Tl Zimt
1 Prise gemahlene Nelke
1 Eiweiß
Zucker für die Arbeitsfläche

Zubereitungszeit:
ca. 15 Minuten
(plus Kühlzeit, Ruhezeit und Backzeit)
Pro Stück ca. 63 kcal/264 kJ

Für den Teig die gemahlenen Mandeln mit Puderzucker, Kakaopulver und den Gewürzen mischen. Das Eiweiß leicht schaumig aufschlagen, dann zu den trockenen Zutaten geben. Alles rasch zu einem geschmeidigen Teig verkneten. Den Teig in Frischhaltefolie wickeln und mindestens 1 Stunde in den Kühlschrank legen.

Ein Backblech mit Backpapier auslegen. Die Arbeitsfläche mit reichlich Zucker bestreuen. Den Teig ca. 1 cm dick auf dem Zucker ausrollen und dabei wenden. Mit Ausstechförmchen nach Belieben Motive wie Herzen oder Sterne ausstechen. Die Plätzchen auf das vorbereitete Backblech setzen und mindestens 1 Stunde bei Raumtemperatur antrocknen lassen.

Den Backofen auf 180 °C vorheizen. Die Plätzchen auf der obersten Schiene ca. 7 Minuten backen. Nach dem Backen einige Minuten auf dem Blech ruhen lassen, dann auf einem Kuchengitter vollständig auskühlen lassen.

TIPP

Die Kipferl werden aus
„kaltem Hefeteig" hergestellt,
d.h. er wird mit kalter Milch
angesetzt und muss nicht
gehen!

BURGENLÄNDER KIPFERL

FÜR CA. 40 STÜCK

80 g gemahlene Walnüsse oder
  Haselnüsse
100 g gemahlene Mandeln
70 g Milch
20 g frische Hefe
270 g Puderzucker
400 g Mehl
200 g weiche Butter
1 Eigelb
2 Eiweiß
Mehl für die Arbeitsfläche

Zubereitungszeit:
ca. 40 Minuten
(plus Backzeit)
Pro Stück ca. 151 kcal/633 kJ

Nüsse und Mandeln in einer Pfanne ohne Fettzugabe rösten, bis sie duften. Beiseitestellen.

Milch mit Hefe und 30 g Puderzucker in eine Rührschüssel geben und verquirlen. Mehl, Butter in Stückchen und Eigelb hinzufügen und alles zu einem glatten Teig verkneten. In Folie gewickelt bis zur weiteren Verwendung bei Zimmertemperatur ruhen lassen.

Eiweiß und 200 g Puderzucker in eine Metallschüssel geben und diese in einen Topf mit Wasser einhängen. Den Topf auf den Herd stellen und das Wasser auf mittlere Temperatur erhitzen, es darf dabei aber nicht kochen. Das Eiweiß einige Minuten mit einem Schneebesen über dem Wasserbad verrühren, bis der Zucker vollständig aufgelöst ist und die Masse cremig ist und glänzt. Die Metallschüssel nun sofort in einen Topf mit eiskaltem Wasser oder Eiswürfeln einhängen und das Eiweiß zu steifem Eischnee aufschlagen.

Den Backofen auf 180 °C vorheizen. Ein Backblech mit Backpapier auslegen. Den Teig vierteln. Eine Teigportion auf einer gut bemehlten Arbeitsfläche so dünn wie möglich quadratisch ausrollen. Mit einem Viertel des Eischnees bestreichen und ein Viertel der gerösteten Nuss-Mandel-Mischung darüberstreuen. Den Teig gleichmäßig aufrollen, dann mit einem Glas oder einem großen Löffel Kipferl abstechen und diese mit etwas Abstand zueinander auf dem Backblech verteilen. Die Kipferl ca. 20 Minuten goldbraun backen, dann noch heiß mit Puderzucker bestäuben. Mit den restlichen drei Teigportionen ebenso verfahren.

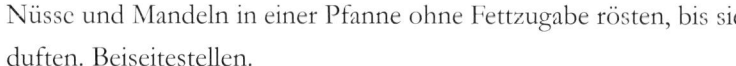

Griechische
KOURABIEDES

FÜR CA. 25 STÜCK

100 g gemahlene Mandeln
165 g weiche Butter
1 Eigelb
125 g Puderzucker
250 g Mehl
1 Prise Salz
50 ml Orangensaft

FÜR DIE VERZIERUNG:

Orangensaft zum Bestreichen
Puderzucker zum Bestäuben

Zubereitungszeit:
ca. 20 Minuten
(plus Kühlzeit und Backzeit)
Pro Stück ca. 131 kcal/547 kJ

Die gemahlenen Mandeln in einer Pfanne ohne Fettzugabe bei mittlerer Temperatur leicht rösten, bis sie duften. Vom Herd nehmen und abkühlen lassen.

Den Backofen auf 180 °C vorheizen. Ein Backblech mit Backpapier auslegen. Die Butter mit dem Eigelb und dem Puderzucker schaumig aufschlagen. Mehl, Salz und die gemahlenen Mandeln vermischen, dann abwechselnd mit dem Orangensaft unter den Teig rühren.

Jeweils etwa walnussgroße Stücke von dem Teig abnehmen und zu Kugeln formen. Mit etwas Abstand zueinander auf das vorbereitete Backblech setzen. Die Plätzchen ca. 20 Minuten backen, bis sie goldgelb sind. Aus dem Ofen nehmen und noch heiß mit etwas Orangensaft bestreichen, dann dick mit Puderzucker bestäuben. Die Plätzchen auf einem Kuchengitter abkühlen lassen.

BISCOTTI
della nonna

FÜR CA. 20 STÜCK

FÜR DEN TEIG:

125 g Mehl

1 Eigelb

50 g feiner Zucker

1 Prise Salz

100 g weiche Butter in
   kleinen Stücken

Mark von ½ Vanilleschote

FÜR DIE FÜLLUNG:

40 g Pinienkerne

150 ml Sahne

1 Dose Safranpulver

1 Prise Salz

250 g weiße Schokolade
   in Stücken

AUSSERDEM:

Mehl für die Arbeitsfläche

Zubereitungszeit:
ca. 1 Stunde
(plus Kühlzeit und Backzeit)
Pro Stück ca. 190 kcal/795 kJ

Für den Teig das Mehl auf die Arbeitsfläche sieben und eine Mulde hineindrücken. Das Eigelb in die Mulde geben. Die restlichen Teigzutaten auf dem Mehlrand verteilen und alles rasch zu einem glatten Teig verkneten. Den Teig in Frischhaltefolie gewickelt ca. 30 Minuten im Kühlschrank ruhen lassen.

Den Backofen auf 200 °C vorheizen. Den Teig auf einer leicht bemehlten Arbeitsfläche 3–4 mm dick ausrollen und mit runden Ausstechförmchen Plätzchen ausstechen. Die Plätzchen auf mit Backpapier ausgelegte Backbleche legen und 8–10 Minuten backen. Auf einem Kuchengitter auskühlen lassen.

Für die Füllung die Pinienkerne in einer Pfanne ohne Fettzugabe leicht bräunen. In eine kleine Schüssel umfüllen und beiseitestellen. Die Sahne aufkochen, dann vom Herd nehmen. Safran, Salz und die weiße Schokolade hineingeben und so lange rühren, bis die Schokolade vollständig geschmolzen ist. Abkühlen lassen, dann mit dem Pürierstab cremig aufschlagen. Die Pinienkerne grob hacken und unterheben.

Die Hälfte der Plätzchen mit einem guten Klecks Creme bestreichen, die restlichen Plätzchen daraufsetzen und leicht andrücken.

FUNNY X-MAS

* * *

*Gebäck mit
Wow!-Effekt*

WORKSHOP:
Verzieren von Plätzchen mit Royal Icing

Mit Royal Icing, einer Spritzglasur aus Eiweiß, Zitronensaft und Puderzucker, verzaubern Sie schlichte Plätzchen mit ein wenig Übung in kleine Kunstwerke – wir zeigen Ihnen, wie es geht!

ROYAL ICING HERSTELLEN

Je nach Anwendungszweck wird Royal Icing in unterschiedlichen Konsistenzen benötigt. Die folgende Basismasse bildet dabei die Grundlage.

ROYAL-ICING-BASISMASSE

Um die Royal-Icing-Basismasse herzustellen, gehen Sie folgendermaßen vor:
500 g Puderzucker in eine Schüssel oder in die Küchenmaschine sieben. 2 frische Eiweiß (Größe M) hinzugeben und mit dem Handmixer oder der Küchenmaschine auf kleinster Stufe durchmengen. Die Rührstufe langsam erhöhen und wenige Tropfen Zitronensaft hinzufügen, bis eine dicke, weiß-glänzende Paste entstanden ist (das Icing sollte nicht länger als 8 Minuten geschlagen werden, da sonst zu viel Luft in die Masse gelangt und sich dadurch später Blasen bilden können). Das Icing ist fertig, wenn sich Spitzen ziehen lassen und diese stehen bleiben. Das Royal Icing

bis zur Verarbeitung mit einem feuchten Tuch abdecken. Royal-Icing-Reste können Sie im Kühlschrank gut abgedeckt oder verschlossen bis zu 1 Woche aufbewahren.

Die Royal-Icing-Basismasse hat eine feste Konsistenz und eignet sich daher besonders gut, um Motive wie z.B. Blüten herzustellen. Außerdem eignet es sich sehr gut zum Aufkleben von Dekor.

WEICHES ROYAL ICING

Um Begrenzungslinien und Muster aufzuspritzen oder um Konturen nachzuzeichnen, wird Royal Icing mit einer weicheren Konsistenz benötigt. Dazu wird unter Rühren tröpfchenweise so viel Wasser und Zitronensaft zu der Basismasse hinzugefügt, bis sich aus der Masse lange Spitzen ziehen lassen, die sich langsam neigen oder bis die Masse zähflüssig vom Löffel tropft.

Basismasse

Weiches Icing

Flüssiges Icing

FLÜSSIGES ROYAL ICING

Flüssiges Royal Icing wird zum Ausfüllen von Flächen benötigt und für spezielle Feucht-in-Feucht-Muster wie die später vorgestellten Herzchen-, Punkt-in-Punkt- und Linien-Muster. Zur Royal-Icing-Basismasse wird dafür unter Rühren tröpfchenweise so viel Wasser und Zitronensaft zugefügt, bis die Masse die Konsistenz von Joghurt hat und geschmeidig vom Löffel fließt. Ist das Icing zu flüssig geraten, kann die Masse durch Zugabe von gesiebtem Puderzucker wieder angedickt werden!

SPRITZBEUTEL

Für die Verzierung von Plätzchen werden oftmals mehrere Spritzbeutel für die verschiedenen Konsistenzen und Farben mit Lochtüllen in 2 mm und 2,5 mm benötigt. Die 2,5-mm-Lochtülle eignet sich sehr gut für Konturen und zum Ausfüllen von Flächen, mit einer 2 mm-Tülle lassen sich sehr gut Punkte und Akzente setzen.

ROYAL ICING EINFÄRBEN

Royal Icing kann mit allen handelsüblichen Lebensmittelfarben eingefärbt werden, egal ob Pulver-, Gel- oder Flüssigfarben. Zum Einfärben stellen Sie für jede Farbe eine kleine Schüssel bereit und geben Sie das Icing in der benötigten Konsistenz hinein. Geben Sie die Lebensmittelfarbe tröpfchenweise bzw. messerspitzenweise dazu und verrühren Sie sie gründlich mithilfe eines Spatels oder Löffels. Ist die Farbe zu intensiv, kann sie durch Zugabe von etwas Basismasse wieder abgeschwächt werden. Grundsätzlich gilt: Je weniger Farbe zugegeben wird, desto heller der Farbton (Pastell-Töne); je mehr Farbe zugegeben wird, desto kräftiger der Farbton.

Rühren Sie vor dem Verzieren der Plätzchen immer erst alle nötigen Farben und Konsistenzen an und füllen diese in vorbereitete Spritzbeutel. So haben Sie alles Nötige zur Hand und können zügig durcharbeiten!

GRUNDTECHNIKEN

Im Folgenden stellen wir Ihnen noch einige hilfreiche Techniken vor, mit denen Sie auf einfache Weise effektvolle Verzierungen erzielen.

KONTUREN ZIEHEN

Weiches Royal Icing in einen Spritzbeutel mit Lochtülle füllen, den Spritzbeutel leicht schräg halten und mit wenig Druck auf den Beutel an einer beliebigen Stelle des Plätzchens ansetzen. Die Kontur des Plätzchens mit dem austretenden Royal Icing nachzeichnen. Am Ausgangspunkt angekommen den Druck vom Spritzbeutel nehmen, die Enden verbinden und die Spitze mit einer leichten Drehung aus dem Handgelenk vom Plätzchen lösen. Vor dem anschließenden Füllen der Fläche sollte die Konturlinie einige Zeit trocknen.

FLÄCHEN AUSFÜLLEN

Flüssiges Royal Icing in einen Spritzbeutel füllen und die Fläche mit wenig Druck auf den Beutel gleichmäßig von außen nach innen füllen. Mithilfe eines Zahnstochers die Masse gleichmäßig verteilen und eventuell entstandene Luftbläschen vorsichtig ausstechen. Damit die Masse sich gleichmäßig verteilt, das Plätzchen zwischen Daumen und Zeigefinger nehmen und sachte schütteln oder ganz leicht auf die Arbeitsplatte klopfen. Trocknen lassen.

HERZCHEN-MUSTER

Flüssiges Icing punktweise auf eine noch feuchte Fläche spritzen. Mit der Spitze eines Zahnstochers am oberen Rand des Punktes ansetzen und diesen nach unten bis zum nächsten Punkt durchziehen, sodass kleine Herzen entstehen. Trocknen lassen.

PUNKT-IN-PUNKT-MUSTER

Mit flüssigem Icing Punkte in beliebiger Farbe auf eine noch feuchte Fläche spritzen. Ohne Trockenzeit sofort einen weiteren Punkt in einer anderen Farbe und in kleinerer Größe auf den noch feuchten Punkt spritzen. Mit der Spitze eines Zahnstochers von innen nach außen oder umgekehrt Spitzen ziehen. Trocknen lassen.

LINIEN-MUSTER

Auf eine noch feuchte Fläche mit flüssigem Icing in verschiedenen Farben dünne oder dickere Linien parallel aufspritzen. Mit der Spitze eines Zahnstochers an der obersten Linie ansetzen und die Spitze nach unten durchziehen. Diesen Vorgang mit etwas Abstand wiederholen. Einen besonderen Effekt erzielt man, wenn die Spitzen abwechselnd in entgegengesetzter Richtung gezogen werden. Trocknen lassen.

BLÜTENMOTIVE

Festes Royal Icing in einen Spritzbeutel mit Sterntülle füllen. Die Tüllen-Spitze auf einem Bogen Backpapier ansetzen, den Spritzbeutel dabei aufrecht halten und mit wenig Druck auf den Beutel kleine Tupfen aufsetzen. Den Druck vom Spritzbeutel nehmen und die Tupfen mit einer leichten Drehung aus dem Handgelenk von der Tülle lösen. Trocknen lassen. Die Blüten lassen sich sehr gut auf Vorrat produzieren. Dazu die Blüten auf Backpapier spritzen, trocknen lassen und bis zur späteren Verwendung in einer luftdicht verschließbaren Dose aufbewahren. Sie halten so mehrere Wochen.

Nun aber genug der Theorie! Damit Sie die Techniken direkt einmal in der Praxis ausprobieren können, finden Sie auf den folgenden Seiten unsere niedlichen Schneemann-Cookies und den dekorativen Christbaumschmuck. Wir wünschen Ihnen viel Spaß dabei!

SCHNEEMÄNNER

FÜR CA. 12 GROSSE COOKIES

FÜR DEN TEIG:

400 g Mehl

250 g Butter

200 g Puderzucker

1 Ei (Größe L)

1 Prise Salz

50 g Backkakaopulver

FÜR DIE VERZIERUNG:

300 g Royal-Icing-Basismasse
   (siehe S. 94)

Lebensmittelfarben in Schwarz,
   Orange, Rot, Grün und Blau

AUSSERDEM:

8 Spritzbeutel mit Lochtüllen
   à 2 und 2,5 mm

Zahnstocher

Zubereitungszeit:
ca. 80 Minuten (plus Kühlzeit, Backzeit
und Zeit zum Trocknen)
Pro Stück ca. 156 kcal/653 kJ

Für den Teig das Mehl in eine Rührschüssel sieben. Die Butter in kleinen Stücken darauf verteilen. Puderzucker, Ei, Salz und Kakaopulver zugeben und alles zügig mit den Händen zu einem glatten Teig verkneten. Den Teig zu einer Kugel formen und in Frischhaltefolie gewickelt im Kühlschrank mindestens 2 Stunden ruhen lassen.

Den Backofen auf 175 °C vorheizen. Ein Backblech mit Backpapier auslegen. Den Teig zwischen zwei Lagen Frischhaltefolie ca. 5 mm dick ausrollen und mit einem Schneemann-Ausstechförmchen Plätzchen ausstechen. Die Plätzchen auf dem Backblech verteilen und ca. 15 Minuten backen, bis sich die Ränder leicht bräunen. Auf einem Kuchengitter vollständig auskühlen lassen.

Für die Verzierung die Royal-Icing-Basismasse mithilfe der Lebensmittelfarben in den benötigten Farben und Konsistenzen anrühren (siehe S. 94–95). Benötigt werden flüssige Icings in Weiß, Schwarz und Orange sowie weiche Icings in Weiß, Schwarz, Rot, Grün und Blau.

Mit weichem weißen Icing die Kontur der Schneemänner nachzeichnen (den Zylinder aussparen), etwas trocknen lassen, dann die Fläche von außen nach innen mit flüssigem weißen Icing ausfüllen. Trocknen lassen. Mit weichem schwarzen Icing die Kontur des Hutes nachzeichnen, etwas trocknen lassen, dann die Fläche mit flüssigem schwarzen Icing ausfüllen. Trocknen lassen.

Mit weichem Icing in Rot, Grün und Blau Schals aufzeichnen und nach dem Trocknen mit weichem weißen Icing Tupfen daraufsetzen. Mit weichem schwarzen Icing Augen und Knöpfe auftupfen. Für die Nase einen kleinen Tropfen flüssiges orangefarbenes Icing aufsetzen und mithilfe eines Zahnstochers eine Spitze aus dem Tropfen ziehen. Vollständig trocknen lassen.

TIPP

In unserem kleinen
Workshop von S. 94–97
finden Sie viele hilfreiche
Tipps und Infos!

CHRISTBAUMSCHMUCK

FÜR CA. 12 GROSSE COOKIES

FÜR DEN TEIG:

450 g Mehl

250 g Butter

200 g Puderzucker

1 Ei (Größe L)

1 Prise Salz

Mark von 1 Vanilleschote

FÜR DIE VERZIERUNG:

300 g Royal-Icing-Basismasse
(siehe S. 94)

Lebensmittelfarben in Grün,
Rot, Schwarz und Orange

AUSSERDEM:

8 Spritzbeutel mit Lochtüllen
à 2 und 2,5 mm

Zahnstocher

Für den Teig das Mehl in eine Rührschüssel sieben. Die Butter in kleinen Stücken darauf verteilen. Puderzucker, Ei, Salz und Vanillemark zugeben und alles zügig mit den Händen zu einem glatten Teig verkneten. Den Teig zu einer Kugel formen und in Frischhaltefolie gewickelt im Kühlschrank mindestens 2 Stunden ruhen lassen.

Den Backofen auf 175 °C vorheizen. Ein Backblech mit Backpapier auslegen. Den Teig zwischen zwei Lagen Frischhaltefolie ca. 5 mm dick ausrollen und mit einem Weihnachtskugel-Ausstecher und einem Lebkuchenmann-Ausstecher Plätzchen ausstechen. Mit einem dünnen, spitzen Werkzeug oben mittig Löcher zum Aufhängen einstechen. Die Plätzchen auf dem Backblech verteilen und ca. 15 Minuten backen, bis sich die Ränder leicht bräunen. Auf einem Kuchengitter vollständig auskühlen lassen.

Für die Verzierung die Royal-Icing-Basismasse mithilfe der Lebensmittelfarben in den benötigten Farben und Konsistenzen anrühren (siehe S. 94–95). Benötigt werden flüssige Icings in Weiß, Grün und Rot sowie weiche Icings in Weiß, Grün, Rot, Schwarz und Orange.

Für die Verzierung der Weihnachtskugeln mit weichem weißen Icing die Konturen der Kugeln nachzeichnen (den Aufhänger aussparen), etwas trocknen lassen, dann die Fläche mit flüssigem weißen Icing von außen nach innen ausfüllen. Trocknen lassen. Mit weichem grünen Icing die Kontur des Aufhängers nachzeichnen, etwas trocknen lassen, dann die Fläche mit flüssigem grünen Icing ausfüllen. Wiederum trocknen lassen, dann mit weichem grünen Icing die Aufhänger gestalten. Die Kugeln mit weichem grünen und roten Icing nach Belieben mit Sternen und Schneeflocken verzieren.

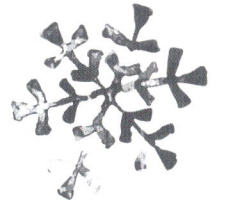

Für die Verzierung der Männchen mit weichem roten Icing die Kontur der Hose aufzeichnen, etwas trocknen lassen, dann die Fläche von außen nach innen mit flüssigem roten Icing ausfüllen. Trocknen lassen. Mit weichem grünen Icing zwei Hosenträger aufzeichnen. Die Hose nach Belieben mit weichem grünen und weißen Icing im Karomuster gestalten. Punkte und Wellenlinien mit weichem Icing in verschiedenen Farben auf Arme und Beine aufzeichnen. Mit weichem schwarzen und orangefarbenen Icing Augen, Mund und Knöpfe aufzeichnen. Alles trocknen lassen.

Zubereitungszeit:
ca. 100 Minuten
(plus Kühlzeit, Backzeit und
Zeit zum Trocknen)
Pro Stück ca. 156 kcal/653 kJ

TIPP

Werfen Sie vor Beginn einen Blick in unseren kleinen Workshop von S. 94–97 – er versorgt Sie mit dem notwendigen theoretischen Rüstzeug!

TANNENBÄUMCHEN
aus Baiser

FÜR CA. 50 STÜCK

FÜR DIE TANNENBÄUMCHEN:
4 Eiweiß
225 g feiner Zucker
½ Tl Weißweinessig
grüne Lebensmittelfarbenpaste

FÜR DIE VERZIERUNG:
Zuckerperlen nach Belieben

Zubereitungszeit:
ca. 25 Minuten
(plus Backzeit)
Pro Stück ca. 20 kcal/83 kJ

Das Eiweiß mit dem Zucker in eine Metallschüssel geben und diese in einen großen mit Wasser gefüllten Topf setzen. Das Wasser erhitzen (nicht kochen lassen!) und die Eiweiß-Zucker-Mischung mit einem Schneebesen so lange aufschlagen, bis sich der Zucker vollständig aufgelöst hat und die Masse handwarm ist.

Die Eiweiß-Zucker-Mischung in eine Rührschüssel umfüllen und mit dem Handmixer auf höchster Stufe zu einem weichen Eischnee aufschlagen. Den Essig und so viel grüne Lebensmittelpaste unterrühren, bis die gewünschte Farbintensität erreicht ist. So lange weiterschlagen, bis der Eischnee feste Spitzen bildet und glatt und glänzend wird.

Den Backofen auf 90 °C vorheizen. Ein Backblech mit Backpapier auslegen. Die Baisermasse in einen Spritzbeutel mit großer Sterntülle füllen und damit kleine Tannenbäume auf das vorbereitete Backblech spritzen: dazu immer zuerst einen größeren Stern als Boden, darauf dann einen mittleren Stern spritzen und mit einem kleinen Stern abschließen. Die Spritztülle nach oben hin wegziehen, damit ein kleiner Zipfel entsteht.

Die Baiser-Tannenbäumchen vorsichtig mit Zuckerperlen bestreuen. Im Backofen 2 Stunden mehr trocknen als backen. Auf dem Backblech im Backofen abkühlen lassen, dann erst die Backofentür öffnen und die Baisers über Nacht im ausgeschalteten Backofen trocknen lassen.

TIPP

Verwenden Sie eine stark deckende Lebensmittelfarbe in Pastenform, um die besten Ergebnisse zu erzielen. Sie bekommen diese Farben im Backfachhandel.

Tannenbaum-
MOTIVKEKSE

FÜR CA. 25 STÜCK

250 g weiche Butter

200 g Zucker

1 P. Vanillezucker

2 Eier

500 g Mehl

1 Tl Backpulver

1 Prise Salz

grüne Lebensmittelfarbenpaste

Mehl für die Arbeitsfläche

Zubereitungszeit:
ca. 25 Minuten
(plus Kühlzeit und Backzeit)
Pro Stück ca. 44 kcal/186 kJ

Die Butter mit dem Zucker und dem Vanillezucker zu einer dickcremigen Masse aufschlagen, bis sich der Zucker fast vollständig aufgelöst hat. Die Eier nacheinander gründlich unterrühren. Mehl, Backpulver und Salz vermischen und auf die Butter-Zucker-Masse sieben. Alles rasch zu einem glatten Teig verrühren.

Etwa die Hälfte des Teiges abnehmen (die Menge ist davon abhängig, wie groß das Ausstechförmchen ist, mit dem Sie das Motiv aus dem Plätzchen herausstechen) und so viel grüne Lebensmittelfarbe in Pastenform unterkneten, bis die gewünschte Farbintensität erreicht ist. Beide Teigportionen zu Kugeln formen, jeweils in Frischhaltefolie wickeln und mindestens 1 Stunde in den Kühlschrank legen.

Den Backofen auf 180 °C vorheizen. Zwei Backbleche mit Backpapier auslegen. Den hellen Teig auf einer leicht bemehlten Arbeitsfläche etwa 3 mm dick ausrollen und mit einem großen runden Ausstecher Kreise ausstechen. Mit einem kleineren Tannenbaum-Ausstecher Tannenbäume aus den Kreisen herausstechen. Die runden Kekse vorsichtig auf die vorbereiteten Backbleche legen.

Den grünen Teig ebenfalls 3 mm dick ausrollen und mit dem Tannenbaum-Ausstecher Tannenbäume ausstechen. Die grünen Tannenbäume vorsichtig in die runden Kekse einsetzen. Die Kekse ca. 12 Minuten backen (sie sollen nicht zu dunkel werden). Auf einem Kuchengitter abkühlen lassen.

NIKOLAUS-CUPCAKES

FÜR 12 STÜCK

FÜR DEN TEIG:
150 g Mehl

1 Tl Backpulver

1 Prise Salz

125 g weiche Butter

150 g Zucker

2 Eier

1 Tl Vanille-Extrakt

125 ml Milch

FÜR DAS FROSTING:
125 g weiche Butter

250 g gesiebter Puderzucker

300 g zimmerwarmer
   Doppelrahmfrischkäse

rote Lebensmittelfarbenpaste

Zubereitungszeit:
ca. 25 Minuten
(plus Backzeit)
Pro Stück ca. 448 kcal/1875 kJ

Den Backofen auf 180 °C vorheizen. Ein Muffinblech mit 12 Papierförmchen auslegen. Für den Teig das Mehl mit dem Backpulver und dem Salz vermischen und durchsieben. Die Butter mit dem Zucker dick-cremig aufschlagen, dann die beiden Eier jeweils einzeln gründlich untermixen und den Vanille-Extrakt gut unterrühren. Zuletzt die Mehlmischung abwechselnd mit der Milch unterrühren und alles zu einem glatten Teig verrühren.

Den Teig gleichmäßig auf die Muffinförmchen verteilen und die Cupcakes ca. 25 Minuten backen, bis sie goldbraun sind. Die Cupcakes kurz in der Form abkühlen lassen, dann auf einem Kuchengitter vollständig auskühlen lassen.

In der Zwischenzeit für das Frosting die Butter mit dem Puderzucker zu einer dicken Creme aufschlagen. Den Frischkäse teelöffelweise unterrühren und alles noch einmal luftig aufschlagen. Knapp ¼ des Frostings abnehmen und in einen Spritzbeutel mit Sterntülle füllen. In das restliche Frosting nach und nach die rote Lebensmittelpaste einrühren, bis die gewünschte Farbintensität erreicht ist. Noch einmal kurz zu einer luftigen Creme aufschlagen. Das rote Frosting in einen Spritzbeutel mit großer Lochtülle füllen. Falls die Cupcakes noch nicht ausgekühlt sind, die Spritzbeutel bis zur weiteren Verwendung in den Kühlschrank legen.

Das rote Frosting in Spiralform zu Zipfelmützen auf die ausgekühlten Cupcakes spritzen. Das weiße Frosting in Tupfenform um den Rand herum aufspritzen. Die Cupcakes bis zum Servieren kalt stellen.

Tannenbaum–
CUPCAKES

FÜR 12 STÜCK

FÜR DEN TEIG:

150 g Mehl

1 Tl Backpulver

1 Prise Salz

2 Eier

150 g Zucker

125 ml Sonnenblumenöl

125 g Buttermilch

FÜR DAS FROSTING:

60 g weiche Butter

125 g gesiebter Puderzucker

150 g zimmerwarmer
  Doppelrahmfrischkäse

grüne Lebensmittelfarbenpaste

FÜR DIE VERZIERUNG:

bunte Zuckerperlen

Zubereitungszeit:
ca. 25 Minuten
(plus Backzeit)
Pro Stück ca. 327 kcal/1368 kJ

Den Backofen auf 180 °C vorheizen. Ein Muffinblech mit 12 Papierförmchen auslegen. Für den Teig das Mehl mit dem Backpulver und dem Salz vermischen und durchsieben. Die Eier dickschaumig aufschlagen, dabei nach und nach den Zucker einrieseln lassen und so lange weitermixen, bis eine dickliche Creme entstanden ist. Das Sonnenblumenöl gründlich untermixen. Zuletzt die Mehlmischung abwechselnd mit der Buttermilch unterrühren und alles zu einem glatten Teig verrühren.

Den Teig gleichmäßig auf die Muffinförmchen verteilen und die Cupcakes ca. 25 Minuten backen, bis sie goldbraun sind. Die Cupcakes kurz in der Form abkühlen lassen, dann auf einem Kuchengitter vollständig auskühlen lassen.

In der Zwischenzeit für das Frosting die Butter mit dem Puderzucker zu einer dicken Creme aufschlagen. Den Frischkäse teelöffelweise unterrühren, dann nach und nach Lebensmittelpaste hinzufügen, bis die gewünschte Farbintensität erreicht ist. Noch einmal kurz zu einer luftigen Creme aufschlagen. Das Frosting in einen Spritzbeutel mit großer Sterntülle füllen. Falls die Cupcakes noch nicht ausgekühlt sind, den Spritzbeutel bis zur weiteren Verwendung in den Kühlschrank legen.

Das Frosting in Tannenbaumform auf die ausgekühlten Cupcakes spritzen. Die Tannenbäumchen mit Zuckerperlen dekorieren. Bis zum Servieren kalt stellen.

TIPP

Verwenden Sie eine stark deckende
Lebensmittelfarbe in Pastenform, die
auch für Buttercreme geeignet ist, um
die besten Ergebnisse zu erzielen.
Sie bekommen diese Farben im
Backfachhandel.

Adventskränze aus CORNFLAKES

FÜR CA. 20 STÜCK

FÜR DIE ADVENTSKRÄNZE:

125 g Butter
300 g Marshmallows
grüne Lebensmittelfarbenpaste
225 g Cornflakes
Sonnenblumenöl zum Formen

FÜR DIE VERZIERUNG:

rote Zuckerperlen

Zubereitungszeit:
ca. 20 Minuten
(plus Zeit zum Trocknen)
Pro Stück ca. 137 kcal/572 kJ

Die Butter in einem ausreichend großen Topf bei niedriger Hitze schmelzen. Die Marshmallows dazugeben und so lange rühren, bis sie ebenfalls geschmolzen sind. So viel grüne Lebensmittelfarbenpaste unterrühren, bis die gewünschte Farbintensität erreicht ist. Alles zu einer homogenen Masse verrühren. Zum Schluss die Cornflakes gründlich unterrühren, sodass sie gleichmäßig mit der Marshmallowmasse überzogen sind.

Ein Backblech mit Backpapier auslegen. Die Hände mit etwas Sonnenblumenöl einölen (alternativ mit Wasser anfeuchten). Tischtennisballgroße Portionen der Marshmallow-Cornflakes-Masse abnehmen, auf das Backblech setzen und mit den Händen vorsichtig zu Kränzen formen.

Die Kränze mit roten Zuckerperlen verzieren. Etwa 1 Stunde bei Raumtemperatur trocknen lassen.

TIPP

Verwenden Sie eine stark deckende Lebensmittelfarbe in Pastenform, um die besten Ergebnisse zu erzielen. Sie bekommen diese Farben im Backfachhandel.

OHNE BACKEN

* * *

*Unkomplizierte
No-Bake-Rezepte*

SCHOKOTALER

FÜR 10 STÜCK

FÜR DIE SCHOKOTALER:

60 g Schokolade nach Wahl

20 g Kokosöl

2 El Ahornsirup

½ Tl Vanille-Extrakt

1 Msp. gemahlener Zimt

1 Prise Salz

FÜR DIE VERZIERUNG:

verschiedene Toppings wie
    Walnusskerne, Trockenfrüchte,
    gehackte Pistazien, gepuffter
    Amarant etc.

Zubereitungszeit:
ca. 10 Minuten
(plus Kühlzeit)
Pro Stück ca. 687 kcal/2876 kJ

Die Schokolade grob hacken und zusammen mit dem Kokosöl im heißen Wasserbad schmelzen. Ahornsirup, Vanille, Zimt und Salz hinzufügen und gründlich unterrühren.

10 Mulden eines 12er-Muffinblechs mit Papierförmchen auslegen und ca. 1 cm hoch mit der Schokolade ausgießen. Toppings nach Belieben auf die weiche Schokolade streuen. Die Schokoladentaler mindestens 1 Stunde kalt stellen, bis die Schokolade fest geworden ist. Erst dann aus den Förmchen nehmen.

TIPP

Wer statt Talern größere Tafeln machen möchte, gießt einfach eine mit Folie ausgelegte Kastenform mit Schokomasse aus!

GLUTEN-FREI

EIERLIKÖR-BÄLLCHEN
mit weißer Schokolade

FÜR CA. 20 STÜCK

FÜR DIE PRALINEN:

220 g weiße Schokolade
25 g Butter
80 ml Eierlikör
100 g gemahlene Mandeln

ZUM WÄLZEN:

gemahlene Mandeln
gepuffter Amarant

Zubereitungszeit:
ca. 15 Minuten
(plus Kühlzeit)
Pro Stück ca. 109 kcal/457 kJ

Die Schokolade fein hacken, dann zusammen mit der Butter im heißen Wasserbad schmelzen. Eierlikör und Mandeln hinzufügen und gründlich unterrühren. Die Masse mindestens 2 Stunden kalt stellen.

Mit einem Teelöffel kleine Häufchen abnehmen und mit der Hand etwa haselnussgroße Bällchen formen. Eine Hälfte in Mandeln, die andere in Amarant wälzen. Die Pralinen bis zum Verzehr kühl aufbewahren.

TIPP
Weiße Schokolade mit Crunch sorgt für einen schönen Knuspereffekt!

WEIHNACHTSKONFEKT
mit gebrannten Mandeln

FÜR CA. 30 STÜCK

150 g Mandeln
100 g Zucker
2 Tl Butter
1 Msp. Zimt
300 g dunkle Schokolade
150 ml Sahne
2 Tl Lebkuchengewürz
50 g grob gehackte Cashewkerne

Zubereitungszeit:
ca. 40 Minuten
(plus Kühlzeit)
Pro Stück ca. 120 kcal/502 kJ

Die Mandeln in einer Pfanne ohne Fettzugabe rösten, bis sie anfangen zu duften. Herausnehmen und beiseitestellen. Zucker mit 2 Esslöffeln Wasser in die Pfanne geben und unter Rühren schmelzen lassen. Vom Herd nehmen. Butter und Zimt unterrühren, dann die Mandeln hinzugeben. Alles verrühren, bis die Mandeln rundum benetzt sind. Die Mandeln auf Backpapier verteilen und erkalten lassen. Anschließend mittelgrob hacken.

Eine kleine, quadratische Auflaufform (ca. 20 x 20 cm) mit Backpapier auslegen. Die dunkle Schokolade hacken, dann mit der Sahne im Wasserbad unter Rühren zerlassen. Das Lebkuchengewürz unterrühren. Dann die gehackten Cashewkerne und die gebrannten Mandeln hinzugeben.

Alles gut vermengen und in der Auflaufform verteilen, sodass die Masse etwa 2 cm hoch ist. Etwas festdrücken und erkalten lassen. Anschließend ca. 1 Stunde in den Kühlschrank stellen. Die erkaltete Masse in Würfel schneiden. Im Kühlschrank aufbewahren.

POPCORN-CROSSIES
mit weißer Schokolade

FÜR 12 STÜCK

6 Tl gepuffter Reis
6 Tl gepuffter Amarant
100 g weiße Schokolade
½ Tl Matcha-Pulver
24 Stücke süßes Popcorn
36 Granatapfelkerne

Zubereitungszeit:
ca. 15 Minuten
(plus Kühlzeit)
Pro Stück ca. 142 kcal/595 kJ

Die Mulden eines 12er-Muffinblechs mit Papierförmchen auslegen. Reis und Amarant mischen. Die weiße Schokolade mit dem Matcha-Pulver im Wasserbad schmelzen, dann auf die Papierförmchen verteilen. Sofort jeweils 1 Teelöffel der Puffreis-Amarant-Mischung, 2 Stücke Popcorn und 3 Granatapfelkerne darauf verteilen und etwas andrücken.

Die Knuspertaler mindestens 3 Stunden im Kühlschrank auskühlen lassen. Vor dem Servieren die Papierförmchen vorsichtig ablösen.

SCHOKO-BIRNEN-TORTE
mit Cantuccini-Boden

FÜR 12 STÜCKE

FÜR DEN BODEN:
100 g Butter
150 g Cantuccini

FÜR BELAG UND VERZIERUNG:
1 Dose Birnenhälften (820 g)
500 ml Milch
2 P. Schokoladenpuddingpulver
   (ohne Kochen)
150 g geschlagene Sahne
Walnusshälften zum Garnieren

Zubereitungszeit:
ca. 30 Minuten
(plus Kühlzeit)
Pro Stück ca. 285 kcal/1191 kJ

Für den Boden die Butter zerlassen. Die Cantuccini in einen Gefrierbeutel geben und diesen fest verschließen. Mit einer Teigrolle darüberrollen und die Cantuccini fein zerbröseln. Die Keksbrösel mit der Butter vermengen. Einen Springformrand (26 cm Ø) auf eine mit Backpapier belegte Tortenplatte setzen, die Brösel-Masse darin verteilen und mit einem Löffel zu einem Boden andrücken. 1 Stunde kalt stellen.

In der Zwischenzeit die Birnen in einem Sieb gut abtropfen lassen. Einige zum Garnieren beiseitelegen, die restlichen Birnen kreisförmig auf den Bröselboden legen. Aus Milch und Puddingpulver nach Packungsangabe einen Pudding zubereiten und auf dem Kuchen verstreichen. Die Torte 3–4 Stunden kalt stellen.

Den Springformrand vorsichtig entfernen und die Torte mit Birnenspalten, Sahnetupfen und Walnüssen garnieren.

TIPP

Der Boden schmeckt auch
mit Amarettini ganz
wunderbar!

KALTER HUND
mit Spekulatius

FÜR 12 STÜCKE
(KASTENFORM 25 CM LÄNGE)

250 g Kokosfett
200 g Vollmilch-Kuvertüre
200 g Zartbitter-Kuvertüre
2 Eier
75 g Puderzucker
50 g ungesüßtes Kakaopulver
30 ml frisch aufgebrühter
   Espresso
1 Tl Zimt
1 Tl Lebkuchengewürz
ca. 200 g Butter- oder
   Mandelspekulatius

Zubereitungszeit:
ca. 30 Minuten
(plus Kühlzeit)
Pro Stück ca. 451 kcal/1889 kJ

Das Kokosfett in grobe Stücke brechen. Die beiden Kuvertüren in grobe Stücke hacken. Alles zusammen im Wasserbad unter gelegentlichem Rühren schmelzen lassen. Leicht abkühlen lassen.

Die Eier mit dem Puderzucker und dem Kakao in einer Rührschüssel dickcremig aufschlagen. Den Espresso und die Gewürze unterrühren, dann die Schokoladenmasse langsam unter Rühren dazugießen. Alles zu einer glatten Masse verquirlen.

Eine Kastenform gleichmäßig mit Frischhaltefolie auslegen. Etwas von der Schokoladenmasse in die Form geben, sodass der Boden leicht bedeckt ist. Spekulatius dicht an dicht darauf verteilen. Nun immer abwechselnd eine dünne Schicht Schokoladenmasse, dann wieder eine Lage Spekulatius in die Form schichten, bis sie gefüllt ist. Mit Schokolade abschließen.

Die Form mit Frischhaltefolie abdecken und über Nacht in den Kühlschrank stellen. Am nächsten Tag vorsichtig auf einen Kuchenteller stürzen, die Folie abziehen und den kalten Hund in Stücke schneiden. Sofort servieren oder bis zur Verwendung wieder kalt stellen.

TIPP

Für dieses Rezept können Sie auch wunderbar das Gingerbread von Seite 80/81 verwenden. Die Tonkabohne können Sie auch durch das Mark von einer ausgekratzten Vanilleschote ersetzen.

LEBKUCHEN-CHEESECAKES
mit Tonkabohne

FÜR 4 PORTIONEN

200 g Sahne
75 g Puderzucker
250 g Mascarpone
abgeriebene Schale und Saft
   von 1 unbehandelten Orange
1 Msp. fein geriebene
   Tonkabohne
100 g Lebkuchen
2 Orangen

Zubereitungszeit:
ca. 25 Minuten
(plus Kühlzeit)
Pro Portion ca. 598 kcal/2506 kJ

Die Sahne mit dem Puderzucker steif schlagen. Löffelweise den Mascarpone unterrühren und alles zu einer glatten Creme verrühren. Zum Schluss die Orangenschale, den Orangensaft und die geriebene Tonkabohne kurz unterrühren. Die Creme kalt stellen.

Den Lebkuchen fein zerbröseln und auf vier Gläser mit je 300 ml Inhalt verteilen. Leicht am Boden andrücken.

Die Orangen schälen und filetieren. Restlichen Saft aus dem Fruchtfleisch pressen und damit die Lebkuchenmasse beträufeln.

Die Creme gleichmäßig auf die Gläser verteilen und mit den Orangenfilets belegen. Die Gläser mit Frischhaltefolie abdecken und mindestens 4 Stunden im Kühlschrank durchkühlen lassen.

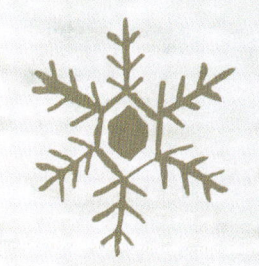

FESTLICHE KAFFEETAFEL

* * *

*Kuchen, Torten &
Kleingebäck*

X-MAS-CHEESECAKE

FÜR 8 STÜCKE

FÜR DEN BODEN:
140 g Vollkorn- oder Haferkekse
70 g geschmolzene Butter

FÜR DIE FÜLLUNG:
80 g Puderzucker
abgeriebene Schale von
1 unbehandelten Orange
350 g Doppelrahmfrischkäse
1 Tl Vanille-Extrakt
150 g Schmand
2 Eier
30 g Mehl
1 Prise Salz

AUSSERDEM:
5 El Glühweingelee (oder
anderes Gelee)
30 g Marzipanrohmasse
15 g gesiebter Puderzucker
Butter für die Form

Zubereitungszeit:
ca. 25 Minuten
(plus Backzeit und Kühlzeit)
Pro Stück ca. 454 kcal/1900 kJ

Den Backofen auf 175 °C vorheizen. Eine Springform (18 cm Ø) mit Butter einfetten. 2 Bahnen Alufolie kreuzweise unter die Form legen und die Form damit an den Seiten vollständig abdichten.

Für den Boden die Kekse in einem Blitzhacker fein hacken. Alternativ in einen Gefrierbeutel geben und mit einem Nudelholz fein zerkleinern. Kekskrümel und geschmolzene Butter gut miteinander vermischen. Die Keksmasse gleichmäßig auf dem Boden der Springform verteilen und gut andrücken. Für die Füllung alle Zutaten gründlich miteinander verquirlen, bis eine glatte Creme entstanden ist. Die Creme auf den Keksboden in die Springform gießen und verteilen.

Eine große Backform oder die Fettpfanne des Backofens mit kochendem Wasser füllen und die vorbereitete Springform hineinstellen, sodass sie etwa halbhoch im Wasser steht. Den Cheesecake im unteren Ofendrittel etwa 1 Stunde backen – die Füllung sollte kaum noch wackeln, wenn man sanft an der Form rüttelt. Den Cheesecake aus dem Ofen nehmen, die Alufolie entfernen und den Kuchen mindestens 1 Stunde bei Zimmertemperatur auskühlen lassen. Das Glühweingelee leicht erwärmen und einen gleichmäßigen Spiegel auf den abgekühlten Cheesecake gießen.

Die Marzipanrohmasse mit dem Puderzucker verkneten, dann zwischen zwei Lagen Klarsichtfolie dünn ausrollen. Mit Ausstechförmchen unterschiedlich große Sterne herausstechen und diese dekorativ auf dem Cheesecake platzieren. Die Form mit Folie abdecken und den Kuchen mindestens 6 Stunden kalt stellen. Den Cheesecake erst vor dem Servieren vorsichtig aus der Form lösen.

LOW
CARB

GLUTEN-
FREI

OHNE
ZUCKER

ADVENTS-KÜCHLEIN
im Glas

FÜR 5 STÜCK

40 g getrocknete Aprikosen

40 g getrocknete Pflaumen

75 g gemahlene Mandeln

50 g Mandelmehl

30 g Mohn

30 g Kakao-Nibs

4 Eier

1 Prise Salz

75 g weiche Butter

50 g Puder-Birkenzucker
  (ersatzweise 50 g Puderzucker)

Mark von 1 Vanilleschote

Puder-Birkenzucker zum
  Bestäuben (ersatzweise
  Puderzucker)

Butter für die Gläser

Zubereitungszeit:
ca. 30 Minuten
(plus Backzeit)
Pro Stück ca. 482 kcal/2018 kJ

Den Backofen auf 180 °C vorheizen. Aprikosen und Pflaumen nicht zu fein hacken. 5 Gläser mit Deckel à 250 ml mit Butter einfetten. Gemahlene Mandeln und Mandelmehl in einer Schale mischen. Mohn im Blitzhacker fein mahlen und hinzugeben. Kakao-Nibs im Blitzhacker etwas zerkleinern, ebenfalls in die Schale geben.

Die Eier trennen. Eiweiß mit Salz steif schlagen und bis zur weiteren Verwendung kalt stellen. Die weiche Butter mit dem Puder-Birkenzucker gründlich verquirlen. Nach und nach das Eigelb hinzugeben und jedes Eigelb sorgfältig unterrühren, bevor das nächste hinzukommt. Das Vanillemark unterrühren. Die Mandel-Mischung und die Trockenfrüchte dazugeben und alles verrühren. Zum Schluss den Eischnee in 2 Portionen unterheben.

Den Teig auf die Gläser verteilen (die Gläser sollten maximal zu zwei Dritteln gefüllt sein), die Gläser mit dem Deckel verschließen und die Küchlein ca. 25 Minuten backen. Die Küchlein aus dem Ofen nehmen, die Deckel abnehmen (Achtung, sie sind sehr heiß!) und die Küchlein weitere 10 Minuten backen. Herausnehmen und vollständig auskühlen lassen. Mit Puder-Birkenzucker bestäuben.

BIRNEN-BROWNIES
mit feiner Kardamomnote

FÜR 16 STÜCK

FÜR DIE BROWNIES:

200 g Zartbitterschokolade

200 g Butter

500 g feste Birnen

2 Spritzer Zitronensaft

4 Eier

150 g Zucker

180 g Mehl

1 P. Backpulver

1 Prise Salz

½ Tl gemahlener Kardamom

4 El Milch

200 g gemahlene
  Haselnusskerne

AUSSERDEM:

Puderzucker zum Bestäuben

2 El gehackte Pistazien

Zubereitungszeit:
ca. 20 Minuten
(plus Backzeit)
Pro Stück ca. 357 kcal/1493 kJ

Den Backofen auf 190 °C vorheizen. Eine große Backform (22 x 22 cm) mit Backpapier auslegen. Die Zartbitterschokolade grob hacken und zusammen mit der Butter im heißen Wasserbad schmelzen. Etwas abkühlen lassen. Birnen waschen, schälen, längs vierteln, entkernen und in Scheiben schneiden. Sofort mit dem Zitronensaft beträufeln, etwas durchmischen und beiseitestellen.

Die Eier mit dem Zucker schaumig schlagen. Die abgekühlte Schoko-Butter-Mischung dazugießen und unterrühren. Mehl mit Backpulver, Salz und Kardamom vermischen und nach und nach unterrühren. Die Milch dazugeben und unterrühren. Zum Schluss die gemahlenen Haselnüsse unterrühren.

Den Teig in die vorbereitete Form geben, die Birnen darauf verteilen und leicht in den Teig drücken. Die Brownies 30–35 Minuten backen, anschließend auf einem Kuchengitter vollständig abkühlen lassen. Den Teig in Stücke schneiden. Die Brownies mit Puderzucker bestäuben und mit gehackten Pistazien bestreut servieren.

TIPP
Dazu schmeckt ein
Klecks Zimt-Sahne ganz
wunderbar!

GLÜHWEIN-HERZEN

FÜR CA. 16 STÜCK

FÜR DEN TEIG:

180 g Milch
1 P. Trockenhefe
80 g Zucker
125 g weiche Butter
500 g Mehl (Type 405 oder 550)
2 Eier
½ Tl Salz
1 Tl Vanille-Extrakt
½ Tl gemahlener Kardamom

FÜR DIE FÜLLUNG:

3 El sehr weiche Butter
2 El Glühweingelee

AUSSERDEM:

1 Ei und 1 El Milch zum
   Bestreichen
Öl zum Einfetten
Mehl für die Arbeitsfläche

Zubereitungszeit:
ca. 20 Minuten
(plus Zeit zum Gehen, Kühlzeit
und Backzeit)
Pro Stück ca. 233 kcal/975 kJ

Die Milch in einem kleinen Topf lauwarm erwärmen, dann in eine große Rührschüssel geben. Hefe und Zucker einrühren und die Mischung 5 Minuten ruhen lassen. Butter in Stückchen, Mehl, Eier, Salz, Vanille und Kardamom hinzufügen und alles zu einem geschmeidigen Teig verkneten. Den Teig in eine leicht eingeölte Schüssel geben und zugedeckt 30 Minuten an einem warmen Ort gehen lassen.

Den Teig auf einer bemehlten Arbeitsfläche gut durchkneten, in 2 Hälften teilen und diese jeweils maximal 1 cm dick auf eine Größe von ca. 25 x 25 cm ausrollen. Die Teigplatten jeweils mit der Hälfte der Butter, dann mit der Hälfte des Gelees bestreichen. Anschließend jeweils von 2 Seiten her bis zur Mitte eng und gleichmäßig aufrollen und für 30 Minuten ins Gefrierfach legen.

2 Backbleche mit Backpapier belegen. Den leicht angefrorenen Teig in 1,5–2 cm dicke Scheiben schneiden und diese zu Herzen formen. Die Herzen auf die Backbleche legen und erneut 30 Minuten gehen lassen.

Den Backofen auf 175 °C Umluft vorheizen. Das Ei mit der Milch verrühren und die Herzen damit bestreichen. Etwa 20 Minuten backen, bis sie goldbraun sind.

BRIOCHE-KRANZ
mit Nuss-Nougat-Füllung

FÜR 8 STÜCKE

FÜR DEN TEIG:

220 g Milch

1 P. Trockenhefe

70 g Zucker

90 g Butter

500 g Mehl

1 Prise Salz

1 großes Ei

1 Tl Vanille-Extrakt

2 Msp. gemahlener Kardamom

FÜR DIE FÜLLUNG:

4 El Nuss-Nougat-Creme

½ Tl Lebkuchengewürz

AUSSERDEM:

1 Ei und 1 El Milch zum
    Bestreichen

Öl zum Einfetten

Mehl für die Arbeitsfläche

Zubereitungszeit:
ca. 20 Minuten
(plus Zeit zum Gehen, Kühlzeit
und Backzeit)
Pro Stück ca. 424 kcal/1776 kJ

Die Milch in einem kleinen Topf lauwarm erwärmen, dann mit Hefe und Zucker in eine große Rührschüssel geben und verquirlen. 5 Minuten ruhen lassen. Butter in Stückchen, Mehl, Salz, Ei, Vanille und Kardamom hinzufügen und alles zu einem geschmeidigen Teig verkneten. Den Teig in eine leicht eingeölte Schüssel geben und 1 Stunde zugedeckt an einem warmen Ort gehen lassen. In der Zwischenzeit die Nuss-Nougat-Creme mit dem Lebkuchengewürz glattrühren.

Den Teig auf einer bemehlten Arbeitsfläche quadratisch ausrollen (ca. 30 x 30 cm) und mit der Nuss-Nougat-Creme bestreichen. Den Teig eng und sorgfältig zusammenrollen und ca. 20 Minuten kalt stellen (dann lässt er sich später besser schneiden).

Ein Backblech mit Backpapier belegen. Die Teigrolle mit einem scharfen Messer der Länge nach durchschneiden. Die beiden Teigstränge vorsichtig miteinander zu einem Zopf verdrehen. Den Zopf vorsichtig auf das Backblech heben und zu einem Kranz zusammenlegen. Nochmals 30 Minuten an einem warmen Ort gehen lassen.

Den Backofen auf 165 °C vorheizen. Das Ei mit der Milch verrühren und den Kranz damit bestreichen. Den Brioche-Kranz 25–30 Minuten goldbraun backen.

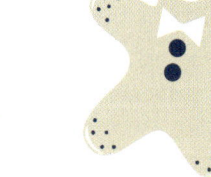

SCHOKO-SAHNETORTE
mit Zwetschgen-Swirl

FÜR 16 STÜCKE
(SPRINGFORM 26 CM Ø)

FÜR DEN BODEN:

100 g Zartbitterschokolade

50 g Butter

4 Eier

1 Prise Salz

120 g Puderzucker

120 g Mehl

50 g gemahlene Mandeln

1 Tl Glühweingewürz

Butter und Mehl für die Form

FÜR DIE CREME:

4 Blatt Gelatine

200 g Zartbitterschokolade

400 ml Sahne

200 g Mascarpone

60 g Puderzucker

FÜR DIE VERZIERUNG:

500 g Zwetschgen

½ Tl Zimt

80 g Zucker

Speisestärke zum Binden

Schokospäne zum Bestreuen

Den Backofen auf 175 °C vorheizen. Den Springform-Boden einfetten und mit Mehl ausstäuben. Für den Teigboden die Schokolade hacken und mit der Butter im Wasserbad schmelzen, dann vom Herd nehmen. Eier trennen. Eiweiß mit Salz steif schlagen. Eigelb mit Puderzucker im Wasserbad schaumig schlagen. Das Mehl darübersieben. Mandeln und Glühweingewürz dazugeben. Die gerade noch flüssige Schokolade zugießen. ⅓ des Eischnees zugeben und alles unterheben. Den restlichen Eischnee dazugeben, alles zügig aber behutsam unterheben. Den Teig in die Form füllen, glatt streichen und ca. 40 Minuten backen. Den Boden erst ca. 10 Minuten in der Form, dann auf einem Kuchengitter vollständig auskühlen lassen. Aus der Form lösen, auf eine Tortenplatte stürzen und einen Tortenring darumstellen.

Für den Zwetschgen-Swirl die entsteinten Zwetschgen mit Zimt und Zucker pürieren. In einen Topf geben und unter Rühren aufkochen lassen. Etwas Speisestärke mit kaltem Wasser glatt rühren, unter Rühren in die kochende Zwetschgenmasse geben und aufkochen lassen. Vom Herd ziehen.

Für die Creme die Gelatine nach Packungsanweisung in kaltem Wasser einweichen. Die Schokolade hacken, mit 100 ml Sahne in eine Schüssel geben und im Wasserbad schmelzen, dann aus dem Wasserbad nehmen. Die restliche Sahne mit dem Mascarpone steif schlagen und den Puderzucker unterrühren. Die Gelatine ausdrücken und in der warmen

Schokomasse zerlassen. Dann 4 Esslöffel Sahne-Creme zur Schokomasse rühren. Diese fast kalte Mischung unter die restliche Sahne-Creme rühren. Die Creme auf dem Boden verteilen.

Die Zwetschgenmasse in Klecksen auf der Creme verteilen und jeden einzelnen Klecks mit einer Gabel zu einem Swirl verrühren. Die Torte mit Folie abgedeckt mindestens 5 Stunden kalt stellen. Vor dem Servieren den Tortenring entfernen und die Tortenoberfläche üppig mit Schokospänen verzieren.

Zubereitungszeit:
ca. 45 Minuten
(plus Backzeit, Zeit zum
Auskühlen und Kühlzeit)
Pro Stück ca. 387 kcal/1622 kJ

SPEKULATIUSWAFFELN
mit feiner Orangennote

FÜR CA. 12 STÜCK

120 g Butter
180 g Milch
120 g Würfelzucker
70 g Zucker
1 P. Trockenhefe
400 g Mehl
1 Prise Salz
2 Eier
1 Tl Vanille-Extrakt
1 ½ Tl Spekulatiusgewürz
abgeriebene Schale von
   ½ unbehandelten Orange
Öl für das Waffeleisen

Zubereitungszeit:
ca. 20 Minuten
(plus Ruhezeit und Backzeit)
Pro Stück ca. 303 kcal/1270 kJ

Die Butter in einem kleinen Topf bei mittlerer Hitze schmelzen und leicht bräunen, dann vollständig abkühlen lassen.

Die Milch in einem kleinen Topf leicht erwärmen, dann handwarm abkühlen lassen. In der Zwischenzeit den Würfelzucker in einen Gefrierbeutel geben und mit einem Nudelholz grob zerkleinern. Beiseitestellen.

Milch, Zucker und Hefe in einer Rührschüssel verquirlen und 5 Minuten ruhen lassen. Mehl, Salz, Eier, Vanille, Spekulatiusgewürz, Orangenabrieb und die abgekühlte flüssige Butter hinzufügen und alles zu einem geschmeidigen Teig verrühren. Zuletzt den Würfelzucker kurz untermischen. Den Teig mindestens 1 Stunde an einem warmen Ort ruhen lassen.

Ein Waffeleisen für belgische Waffeln gut einfetten und die Waffeln bei mittlerer Hitze goldbraun backen.

MINI-STOLLEN-GUGELS

FÜR 12 STÜCK

FÜR DEN TEIG:

25 g getrocknete Aprikosen
25 g kandierter Ingwer
30 g Pistazien
50 g gehackte Haselnüsse
30 g Marzipanrohmasse
150 g weiche Butter
3 Eier
1 Prise Salz
50 g Zucker
1 Tl Christstollengewürz
200 g Magerquark
175 g Mehl
1 El Backpulver

ZUM BEPINSELN:

75 g Butter
100 g Zucker

AUSSERDEM:

Butter und Mehl für die Form
Puderzucker zum Bestäuben

Zubereitungszeit:
ca. 35 Minuten
(plus Backzeit)
Pro Stück ca. 343 kcal/1436 kJ

Den Backofen auf 175 °C vorheizen. Die Mulden einer 12er-Mini-Gugelhupfform (à 6 cm Ø) mit Butter ausstreichen und mit Mehl ausstäuben. Die getrockneten Aprikosen und den kandierten Ingwer sehr fein hacken. Die Pistazien mahlen. Alles zusammen mit den gehackten Haselnüssen in einem Topf mischen. Das klein gehackte Marzipan und die Butter hinzugeben und alles unter Rühren bei mittlerer Hitze erhitzen, bis Butter und Marzipan geschmolzen sind.

Die Eier mit Salz und Zucker schaumig schlagen. Das Stollengewürz darunterquirlen, dann nach und nach den Quark und die lauwarme Butter-Mischung unterrühren. Mehl mit Backpulver mischen, darübersieben und unterrühren.

Den Teig auf die Förmchen verteilen, glatt streichen und ca. 25 Minuten backen. Die Form nach erfolgreicher Stäbchenprobe aus dem Ofen nehmen. Die Gugelhupfe kurz in der Form ruhen lassen, dann auf ein Kuchengitter stürzen.

Die Butter zum Bepinseln zerlassen. Die noch heißen Gugelhupfe damit bestreichen und sofort mit dem Zucker bestreuen. Vollständig auskühlen lassen. Mit Puderzucker bestäubt servieren.

ZIMTSCHNECKEN-AUFLAUF

FÜR 12 PORTIONEN

FÜR DEN TEIG:

180 g Milch

1 P. Trockenhefe

80 g Zucker

125 g Butter, 500 g Mehl

2 Eier, ½ Tl Salz

1 Tl Vanille-Extrakt

2 Msp. gemahlener Zimt

1 Ei und 1 El Milch zum
  Bestreichen

FÜR DIE FÜLLUNG:

2 El sehr weiche Butter

4 El Spekulatius-Aufstrich
  (siehe Tipp S. 154/155)

FÜR DIE FRISCHKÄSECREME:

70 g Butter

100 g Puderzucker

120 g Frischkäse

AUSSERDEM:

Öl zum Einfetten

Butter für die Form

Mehl für die Arbeitsfläche

Zubereitungszeit:
ca. 25 Minuten
(plus Ruhezeit und Backzeit)
Pro Portion ca. 446 kcal/1866 kJ

Die Milch in einem kleinen Topf leicht erwärmen, dann mit Hefe und Zucker in eine Rührschüssel geben und gut verquirlen. 5 Minuten ruhen lassen. Butter in Stückchen, Mehl, Eier, Salz, Vanille und Zimt hinzufügen und alles zu einem geschmeidigen Teig verkneten. Den Teig in eine leicht eingeölte Schüssel geben und 30 Minuten zugedeckt an einem warmen Ort gehen lassen.

Eine große Backform (ca. 18 x 28 cm) mit Butter einfetten. Den Teig auf einer bemehlten Arbeitsfläche durchkneten, in 2 Hälften teilen und diese jeweils auf eine Größe von ca. 22 x 27 cm ausrollen. Beide Teigplatten jeweils zuerst mit der Hälfte der Butter, dann mit der Hälfte des Spekulatius-Aufstrichs bestreichen. Anschließend jeweils von der langen Seite her eng und gleichmäßig aufrollen. Jeweils in 6 Scheiben schneiden. Die Schnecken in der Form verteilen und erneut 30 Minuten gehen lassen.

Den Backofen auf 180 °C vorheizen. Das Ei mit der Milch verquirlen und die Schnecken damit bestreichen. Etwa 25 Minuten backen, bis sie goldbraun sind.

In der Zwischenzeit alle Zutaten für die Frischkäsecreme miteinander verrühren. Die Schnecken 10 Minuten in der Form abkühlen lassen, dann mit der Frischkäsecreme bestreichen und lauwarm oder kalt servieren.

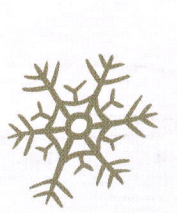

SCHOKOMUFFINS
mit Gewürzkirschen

FÜR 12 STÜCK

200 g Sauerkirschen
  (aus dem Glas)
1 Tl Spekulatiusgewürz
150 g dunkle Schokolade
100 g Butter
250 g Buttermilch
220 g Zucker
2 Eier
300 g Mehl
70 g Kakaopulver
1 Tl Natron
½ Tl Backpulver
1 Prise Salz
1 Tl gemahlener Zimt

Zubereitungszeit:
ca. 20 Minuten
(plus Kochzeit und Backzeit)
Pro Stück ca. 340 kcal/1423 kJ

Die Kirschen zusammen mit ca. 60 ml des Kirschsaftes und dem Spekulatiusgewürz in einen kleinen Topf geben und einmal aufkochen lassen. Die Temperatur reduzieren und die Mischung 15 Minuten bei mittlerer Hitze ziehen lassen. Die Kirschen in einem Sieb gut abtropfen lassen.

Den Backofen auf 200 °C vorheizen. 24 Quadrate à 14 cm Seitenlänge aus Backpapier zuschneiden. Jeweils 2 Quadrate versetzt in die Mulden eines 12er-Muffinblechs drücken und die Mulden damit auskleiden.

Die Schokolade hacken. Die Butter in einem kleinen Topf schmelzen, dann mit der Buttermilch in eine Rührschüssel geben und verquirlen. Zucker und Eier hinzufügen und gut untermixen. Mehl, Kakao, Natron, Backpulver, Salz und Zimt dazugeben und alles zu einem geschmeidigen Teig verrühren. Zum Schluss die gehackte Schokolade und die Kirschen unterheben. Den Teig auf die Mulden des Muffinblechs verteilen und die Muffins ca. 20 Minuten goldbraun backen.

X-MAS-MAGIC-CAKE

FÜR 9 STÜCKE
(BACKFORM 20 X 20 CM)

125 g Butter
500 ml Vollmilch
4 Eier
1 Prise Salz
150 g Zucker
110 g Mehl
1 El Lebkuchengewürz
100 g Möhrenpüree
100 g geraspelte Möhren
Butter für die Form

Zubereitungszeit:
ca. 25 Minuten
(plus Backzeit und Kühlzeit)
Pro Stück ca. 301 kcal/1262 kJ

Die Backform gut einfetten. Die Butter in Stückchen mit der Milch in einen Topf geben und zerlassen. Vom Herd nehmen und abkühlen lassen. Die Eier trennen. Das Eiweiß mit 1 Prise Salz sehr steif schlagen, dann kühl stellen. Eigelb mit dem Zucker schaumig schlagen. Das Mehl darübersieben und mit dem Lebkuchengewürz, dem Möhrenpüree und den geraspelten Möhren unterrühren. Nach und nach die Milchmischung sowie 2 Esslöffel des Eischnees einrühren. Den restlichen Eischnee rasch, aber vorsichtig unterheben, sodass die Eischneeflocken sichtbar bleiben.

Den Teig in die Form gießen. Den Backofen auf 155 °C vorheizen (der Teig soll während dieser Zeit in der Form ruhen). Anschließend 50–60 Minuten backen, bis der Kuchen oben golden gebräunt ist, das Innere aber noch wackelt (siehe Tipp). Den Kuchen bei Zimmertemperatur auskühlen lassen, anschließend mindestens 4 Stunden, am besten über Nacht, im Kühlschrank ruhen lassen.

Tipp: It's magic

Mehr als bei anderen Kuchen ist bei dem „Magic Cake" der Zeitpunkt wichtig, bei dem er aus dem Ofen kommt: Wird er zu kurz gebacken, läuft er auseinander; ist er zu lang im Ofen, sind die beiden unteren Schichten nicht mehr getrennt. Weil jeder Backofen unterschiedlich heizt, kann die angegebene Zeit nur ein Richtwert sein. Aber Sie sehen dem Kuchen an, wenn er fertig ist: Die Oberfläche ist schön gebräunt, aber die Mitte des Kuchens wackelt puddingartig. Falls Sie den Kuchen zu früh aus dem Backofen genommen haben, bildet er an der Oberfläche Wellen. Backen Sie ihn dann einige Minuten länger.

CHEESECAKE
mit Spekulatius-Boden

FÜR 8 STÜCKE

FÜR DEN BODEN:

70 g Butter

140 g Mandelspekulatius

FÜR DIE FÜLLUNG:

2 Eier

80 g Puderzucker

30 g Mehl

abgeriebene Schale von
   1 unbehandelten Zitrone

1 Tl Vanille-Extrakt

1 Prise Salz

1 ½ Tl Spekulatiusgewürz

350 g Doppelrahmfrischkäse

150 g Schmand oder
   Crème fraîche

AUSSERDEM:

Butter für die Form

Kakaopulver zum Bestäuben

Zubereitungszeit:
ca. 20 Minuten
(plus Backzeit und Kühlzeit)
Pro Stück ca. 431 kcal/1804 kJ

Den Backofen auf 175 °C vorheizen. Eine Springform (18 cm Ø) mit Butter einfetten. 2 Bahnen Alufolie kreuzweise unter die Form legen und diese damit an den Seiten vollständig abdichten. Für den Boden die Butter in einem kleinen Topf schmelzen. Den Spekulatius im Blitzhacker fein hacken (alternativ in einen Gefrierbeutel geben und mit einem Nudelholz fein zerkleinern). Die Brösel gut mit der geschmolzenen Butter vermischen. Die Masse gleichmäßig auf dem Boden der Springform verteilen und gut andrücken.

Für die Füllung Eier, Puderzucker, Mehl, Zitronenabrieb und die Gewürze gründlich verquirlen. Frischkäse und Schmand bzw. Crème fraîche glatt unterarbeiten. Die Masse auf den Keksboden in die Springform gießen und verstreichen. Eine große Backform oder die Fettpfanne des Backofens mit kochendem Wasser füllen und die Springform hineinstellen, sodass sie etwa halbhoch im Wasser steht. Den Cheesecake im unteren Ofendrittel etwa 1 Stunde backen – die Füllung sollte kaum noch wackeln, wenn man sanft an der Form rüttelt. Die Backzeit ggf. verlängern.

Den Cheesecake mindestens 1 Stunde auskühlen lassen. Anschließend die Form mit Folie abdecken und den Kuchen mindestens 6 Stunden im Kühlschrank kalt stellen. Den Kuchen erst vor dem Servieren vorsichtig aus der Form heben und auf eine Kuchenplatte setzen. Für die Verzierung eine Stern-Schablone herstellen. Dazu aus einem Stück Pappe einen Stern herausschneiden. Die Pappe mit dem herausgeschnittenen Motiv locker auf den Kuchen legen und mithilfe eines Siebs Kakaopulver über die ausgeschnittene Fläche stäuben. Schablone abnehmen.

LAVA-CAKES
mit flüssigem Kern

FÜR 8 STÜCK

FÜR DIE SCHOKOKÜCHLEIN:

200 g Zartbitterschokolade

200 g Butter

6 Eier

250 g Zucker

1 Prise Salz

120 g Mehl

40 g Kakaopulver

8 Tl Spekulatius-Aufstrich
  (siehe Tipp)

AUSSERDEM:

Butter für die Förmchen

Puderzucker zum Bestäuben

Zubereitungszeit:
ca. 20 Minuten
(plus Backzeit)
Pro Stück ca. 616 kcal/2580 kJ

Den Backofen auf 210 °C vorheizen. 8 ofenfeste Förmchen mit Butter einfetten. Die Schokolade grob hacken und zusammen mit der Butter im heißen Wasserbad schmelzen. Etwas abkühlen lassen.

Eier mit Zucker und 1 Prise Salz dickschaumig aufschlagen. Die Schoko-Butter-Mischung langsam hinzugießen und unterrühren. Mehl und Kakaopulver hinzufügen und nur kurz, aber gründlich, unterrühren.

Die Förmchen bis zur Hälfte mit dem Teig füllen. Mit einem Teelöffel jeweils eine Mulde hineindrücken und in diese je 1 Tl Spekulatius-Aufstrich geben. Mit dem restlichen Teig bedecken. Die Förmchen auf ein Backblech stellen und auf der 2. Schiene von unten 12–14 Minuten backen. Die Küchlein ca. 5 Minuten in den Förmchen abkühlen lassen, dann auf einen Teller stürzen. Mit Puderzucker bestäubt servieren.

Tipp: Spekulatius-Aufstrich selber machen

50 g Spekulatius im Blitzhacker sehr fein zerkleinern. Mit 25 g weicher Butter, 5 g Honig, 30 g Karamell-Aufstrich, je 1 Prise Salz, Zimt und Spekulatius- oder Lebkuchengewürz gründlich verrühren. In ein sterilisiertes Glas füllen und verschlossen im Kühlschrank aufbewahren. Innerhalb von 2 Wochen verbrauchen.

BRATAPFELKUCHEN

FÜR 12 STÜCKE

FÜR DIE BRATÄPFEL:
Saft von ½ Zitrone
9 kleine Äpfel
60 g Marzipan
40 g gehackte Mandeln
1 El Honig
1 Tl Spekulatiusgewürz
25 g Butter
Zucker zum Bestreuen

FÜR DEN TEIG:
190 g weiche Butter
120 g Zucker
3 Eier
150 g Mehl
1 Tl Backpulver
1 Prise Salz
150 g gemahlene Mandeln
abgeriebene Schale von
    1 unbehandelten Zitrone
1 Tl Vanille-Extrakt

AUSSERDEM:
Butter für die Form

Zubereitungszeit:
ca. 25 Minuten
(plus Backzeit)
Pro Stück ca. 428 kcal/1791 kJ

Den Backofen auf 180 °C vorheizen. Eine Springform (26 cm Ø) gut einfetten. Für die Bratäpfel den Zitronensaft mit 300 ml kaltem Wasser in eine Schüssel geben. Äpfel waschen, schälen, das Kerngehäuse herausstechen und die Äpfel einige Sekunden in das Zitronenwasser legen. Die Stiele mit ca. 1 cm Kerngehäuse aufbewahren. Die Äpfel in eine ofenfeste Form setzen und 20 Minuten vorbacken. In der Zwischenzeit für die Füllung Marzipan, Mandeln, Honig, Spekulatiusgewürz und Butter gründlich verkneten und die Masse in einen Spritzbeutel füllen.

Für den Teig 170 g Butter mit dem Zucker dickschaumig aufschlagen. Die Eier einzeln einrühren und jeweils gründlich untermixen. Mehl, Backpulver, Salz, Mandeln, Zitronenabrieb und Vanille dazugeben und alles zu einem glatten Teig verrühren. $^2/_3$ des Teigs in einen Spritzbeutel füllen. Den restlichen Teig in die Form streichen.

1 Apfel mittig in die Form setzen, die restlichen Äpfel kreisförmig darum verteilen. Die Äpfel mithilfe des Spritzbeutels großzügig mit der Mandel-Marzipan-Masse füllen. Die Apfelstiele darauf setzen. Den Teig mithilfe des Spritzbeutels zwischen den Äpfeln verteilen. Die restliche Butter schmelzen. Die Äpfel damit bestreichen und dünn mit Zucker bestreuen. Den Kuchen 40 Minuten backen.

TIPP

Falls noch etwas von der
Mandel-Marzipan-Füllung
übrig bleibt, spritzen Sie die
Masse einfach noch vor
dem Backen auf
den Teig!

REZEPTVERZEICHNIS

HINWEISE ZUM BUCH

Backofentemperaturen

Die Backofentemperaturen in diesem Buch beziehen sich auf einen Elektroherd mit Ober- und Unterhitze. Falls Sie mit Umluft arbeiten, reduziert sich die Temperatur um 20 °C. Soweit nicht anders angegeben, werden die Teige auf der mittleren Einschubleiste gebacken.

Abkürzungen

El = Esslöffel

g = Gramm

kcal = Kilokalorien

kg = Kilogramm

kJ = Kilojoule

l = Liter

ml = Milliliter

Msp. = Messerspitze

P. = Päckchen

Tl = Teelöffel

Bildnachweis

Rezeptfotos: S. 62: Maria Brinkop; S. 150: Klaus Arras; alle Übrigen: TLC Fotostudio

Schmuckfotos Einleitung: S. 4 und 8: TLC Fotostudio; S. 5 (v. li. n. re.): Fotolia.com: © ElinaManninen, © Denira, © mstoylik; S. 6 (v. li. n. re.): Fotolia.com: © skatzenberger, © Sonja Birkelbach

Workshop-Fotos S. 95–97: TLC Fotostudio

Schmuckillustrationen: Fotolia.com: Spitzendeckchen: © cutelittlethings; Eiskristalle: © snyGGG; Bordüre: © KatyaKatya; Weihnachtsmotive (Schneeflocken-Ornamente, Sterne, Lebkuchenmännchen, Tannenbaum, Tasse): © KatyaKatya; Herzen: © Studio Barcelona

Rezepte

S. 40, 46, 48, 52, 58, 64, 68, 70, 80, 84, 88, 102, 104, 107, 108, 110, 124 und 127: Maja Nett; S. 50, 56, 66, 73, 133 und 144: Nina Engels; S. 63: Stina Spiegelberg; S. 151: Anne Peters; alle Übrigen: Verlagsarchiv

© Naumann & Göbel Verlagsgesellschaft mbH

Emil-Hoffmann-Straße 1

D–50996 Köln

Redaktion: Susanne Gärtner

Gesamtherstellung: Naumann & Göbel Verlagsgesellschaft mbH, Köln

Alle Rechte vorbehalten

ISBN 978-3-625-18030-2